生協の道

現場からのメッセージ

西村一郎 著

同時代社

生協の道　現場からのメッセージ／目次

第4章　生協を考える　135

第5章　伝言　191

はじめに

月刊コープソリューション紙連載「生協は今」において、二〇一〇年五月の第一回より二〇二〇年七月の第一二三回まで私は自由に楽しく書かせてもらった。テーマはその都度異なり多種多様だが、大切にしたのは各生協の動きや関わった生協人の熱い想いを読者へ伝えることであった。大別すると以下である。

生協の実践三八本、復興支援三六本、伝言一三本、講演一〇本、市民団体などとの協同七本、仕事・働き方五本、大学生協四本、食・農・産直三本、店舗づくり三本、医療生協・他四本

一本は三二〇〇字ほどで、一二三本では約四〇万字になる。単行本は普通一冊が一〇万字前後なので、全部を本にすると四冊は可能であるが、日々忙しく働いている人が読むのは大変である。

そこでより重要な内容に絞り込み、生協の実践一〇本、復興支援四本、仕事・働き五本、生協を考える九本、伝言一三本の計四一本で、この一冊にさせてもらった。なお一回から二〇一三年九月号第四一回までは、アマゾン電子書籍Ｋｉｎｄｌｅの『生協は今No.1』『生協は今No.2』『生協は今No.3』（各定価九九円）に収録しているので、ここには入れていない。

これまで生協が歩んできた道は、けっして平坦で真っすぐではなく、時期や地域などによって多様であった。県内の世帯組織率が七五％にも発展した「みやぎ生協」もあれば、練馬生協や釧路生協など残念ながら維持できなくなり解散した生協もいくつかある。

人生には「三つの坂」があるとよく譬《たと》える。上り坂もあれば下り坂もあるし、ときには落とし穴のような「まさか」もある。生協に引き寄せば、コツコツと地道に多くは坂を上っているが、じわじわと下り坂となっている生協も中にあれば、時には大地震やコロナ禍などのような「まさか」に出会い、経営を大きく変更することもある。さらには同じ坂道でも、どれほどの速度で歩くのかも時と場合によって異なる。

別の表現をすれば生協に絶対正しい一つの道があるわけでなく、多様に変化する生協内外の環境の中でいくつもの異なる道がある。

世界や日本や地域社会が、コロナや異常気象などもあってこれからも大きく変化する。実態経済と大きく乖離《かいり》した金融資産の動向もある。そうした多彩な影響を受け、生協の歩む道は協同組合の理念をふまえつつも必要に応じて変化させ存続していくことだろう。

このため何より大切なのは原点回帰と動向把握であり、働く全員の知恵と力による協同だと私は考える。経営が破綻した生協に共通するのは力不足のトップによる放漫経営であり、あわせてそれを許した理事会や職員集団にも責任の一部はあるだろう。このため生協を維持し発展させるためには、トップだけでなく働く全員が原点回帰と動向把握を忘れないことである。

ところで原点回帰と動向把握は、民主性と迅速性や安心・安全性と合理・経済性のように、ときには対立することもある。そうした矛盾の中においても、組合員のため生協は事業を継続していくことが求められており、抽象的な理論よりも多彩な実践に学ぶと、想定外の多い混沌とした状況が続く今日ではより効果的だろう。

また生協の独自性としては、行政や大企業などに依拠する要求追求型ではなく、仲間との協同で対応する要求実現型の活動スタイルがあり、個人の主体性が何より求められている。

そのためこの実践事例本は、全国各地の生協でがんばる職員や組合員理事さんたち、さらには委託会社で働く人や、生協産直などに関わる生産者などにも読んでいただき、全体の多様な動きの中で自らの役割を考え実践するヒントになれば嬉しい。

※発表した号は各項に付した。
※役職や年齢や生協名は、取材した当時のものである。
※掲載紙の写真は、経費節約のため必要最小限とした。

第1章

生協の実践

一口に生協といっても、日本生協連の発表によれば二〇一九年度の会員は、購買生協五六一でその内地域・居住地職域生協一二七があり、他には医療福祉生協一〇七、その他（共済・住宅等）一四、事業連合一二となっている。

その全てを対象にして連載記事にすることは無理で、供給高でみると生協全体三兆六五三億円の内で九一％を占める二兆七八二九億円の地域生協一二〇が主となった。

それも連載の記事では、その生協のある時点における一つの場面を紹介しただけであり、全体像にはほど遠い。さらに教訓を普遍化するなどはできず、あくまで各地の取り組みの事例が中心である。

もちろん先人たちの築いてきた協同組合論や生協論も貴重で、これからも生協の在り方に貢献することだろう。しかし、国際金融資本が資本の論理で冨を集中させて格差社会をより広げ、パンデミックを起こした新型コロナウィルスは、日本を含めた社会の在り方を根底から揺さぶっている。

こうした中では、過去に成功した理論やビジネスモデルが、これからは通用しなくなる可能性が大きい。ときには矛盾の中でも、生協として生き延びなくてはならない局面に立たされることがあるかもしれない。

そうしたときのためにも多様な各地の実践を知っておくことは、今後の生協の在り方や各自の働き甲斐を考えるためにもヒントになるだろう。

①商品で地域活性化を支援　コープおきなわ　二〇一五年九月号

「伊平屋《いへや》を愛し、アイスを愛す」を発売

「このアイスは、黒糖と米がマッチして美味しいです」

「自分たちで表現して判断することが大事だと分かり、とても良かった」

二〇一五年二月であった。伊平屋村の中学一年の二一人は、同村特産品の黒糖と島米を活かしたアイス「伊平屋を愛し、アイスを愛す」を開発し、沖縄県庁で記者会見した。

沖縄北部の本部《もとぶ》の港からフェリーで八〇分の伊平屋村には、高校がないため生徒らは進学のため島を離れる。そこで歌詞にもある「一五の旅立ち」までに、生きる力と自己表現力を養うため、村の起業家人材育成事業として、一年前から生徒による商品開発をしてきた。特産の黒糖と米を用い、アイスに黒糖キャラメルを混ぜて濃い風味とし、入れた米粒のもちもちした食感が楽しいアクセントになっている。島への感謝と発展への願いを名前に込め、県立芸術大学の学生の知恵も借りて包装には、伊平屋島の地形や波やサトウキビを図案化するなど、全工程に特別授業を受けた生徒たちが関わった。

沖縄県庁での商品リリース記者会見

会見後で生徒たちは、那覇市のコープおきなわ「あっぷるタウン」店で、活気ある声を響かせて試食もすすめ、アイスを二日間先行販売した。一三〇ミリリットルカップ入りアイスは、税抜き価格二五〇円で、県内のアイスメーカーであるＺｅｎエンタープライズが製造し、コープおきなわが販売を分担し八店舗で今年の四月から販売した。

コクうまＡＡアイスの誕生

中学生との共同企画は、粟国村《あぐに》で二〇一三年に開発した「コクうまＡＡアイス」に次いで二回目であった。ＡＡはＡｌｌ　Ａｇｕｒｉの頭文字を生徒がとって名付け、粟国の塩がアイスの甘さを引き立て、また黒糖かりんとうの食感も楽しむことができた。

そのときの取り組みについて、特別授業にも関わったコープおきなわ職員の石原修さん（五五歳）から話を聞いた。なお粟国村は、那覇の港からフェリーで二時間一〇分かかる離島にある。

「粟国村では、小学生四三人と中学生一四人に対し、キャリア教育支援事業として商品開発に取り組み、第一に村での暮らしに誇りを持つ、第二に経済の仕組みを知る、第三に起業家マインドの育成が目的でした。村を元気にするためにも、各自が島で育ったことに自信を持つため誇りは大切で、経済の流れを知り稼ぐことの大変さを体験し、親を含めた島の人たちへの感謝を持って島を旅立つことができます。起業家マインドを育めば、仕事があるから島へ帰るのではなく、仕事を創りに帰ることができます」

一次産業を継承するだけでなく、商品の製造から販売までの六次産業化をめざし、自立する力を高めることは、地域の活性化としても大切な取り組みである。授業の具体的な内容について石原さんが説明してくれた。

「第一に企画書を作ろうで、誰に売りたいか、どこで売りたいか、どんな味で、商品の魅力や良い点について、誰にでも分かりやすい内容にすることです。

第二に商品を製造するメーカーへの提案や相談で、企画書に沿って商品のイメージや味や食感など、できるだけ具体的に伝えて納得してもらいます。

第三は商品開発において、お客様に買ってもらえる新商品を作ることで、こんな商品があったらいいなとか、こんな商品だったら喜びそうと思うことのできる商品イメージを具体化することです」

どこにでも多くの商品がありふれている今日、新商品を開発して事業化するのは簡単ではない。そこで商品開発の原則を、ていねいに生徒たちへ石原さんは説明している。

「第四には経費について考えようで、一つの商品を作るためにはいくつもの材料や人々の協力が必要で、そうした材料代や人件費や交通費などをはっきりさせます。仕入れ原価をとっても、いくつもの原材料だけでなく燃料費や容器代などもかかります。

第五にはお金の借り入れ計画で、必要経費をどこからか借り入れし、その借りた金額の返済計画も明らかにします。

第六には仕入計画と売価の設定で、開発した商品をメーカーに作ってもらうときの数量や時期を判断し、あわせて販売する価格を決めます。仕入れたときに支払う金額と、販売した総額が同じであれば利益はないので、少しでも利益が出るように売価を決めることです」

商品の流れだけでなく、それを裏で支えているお金の関わりについても生徒たちに教えている。

「第七には売り方である販売計画を考えることで、商品を買ってもらうため映像を写したり、音楽を流すとか試食もし、展示方法を工夫するなどして、一つでも多く売るためのアイデアを出すことです。そのため接客マナーも学び、挨拶や言葉使いや身だしなみなどについても注意します。

第八には収支決算の作成で、商品の売り上げと利益の計算で、何個作って何個販売できるか考え、かかった費用と売り上げのバランスを予想します。

第九には借りたお金の返済で、商品開発や販売するために使った全ての費用を、借りた相手にきちんと返す計画を作ります」

各自が知恵と労力を出して仕事し、それにみ合った報酬を得る。そうした実体験をすることは、生徒たちの成長にとって貴重な社会勉強となる。

普通の事業は収支決算で終わるが、ここではその後がまだあるから凄い。

「第一〇には、お世話になった人へのお礼で、生徒たちが体験して感じたことなどを手紙にして相手に届けます。

そして第一一には、利益の使い方の検討で、生徒自身に関係のある使い方や、学習に活かすことや、もしくは粟国島のために利用することなどです。

こうした商品開発の一連の流れのポイントを分かりやすく説明し、これに沿って話し合いや試食や見学などを繰り返してきました」

生徒たちとアイスメーカーが相談し、シークワーサー入り塩アイスと、黒糖かりんとう入り塩アイスの二種類の試作品ができ、試食と討論によって後者の商品化が決まり、ネーミングも工夫して「コクうまＡＡアイス」となった。

販売は島ぐるみの取り組みとするため、粟国村の村長や教育長へも要請し、沖縄本島にある郷友会への呼び掛けもすることができたし、さらには沖縄県知事を訪問して報告をしたので、多くのマスコミが報道してくれて宣伝効果を高めることができた。

また店頭での販売方法もいろいろ工夫し、二個以上買ってくれた客には、三〇秒の肩もみをプレゼントした生徒もいた。この結果、二〇一三年一〇月のコープおきなわ三店での試験販売は、三時間で一〇〇〇個を達成し、翌月の離島フェアーでは三日間で一五〇〇個を完売することができた。

石原さんに、このときの全体の感想をたずねた。

「適切な事前準備と情報提供や、子ども達を信じて必要以上に大人たちの口を出さず我慢することが、生徒たちの主体性を育みました。こうして子ども達は自ら考えて販売し、仲間と協力することで問題を解決できることや、チームワークの醍醐味と大切さを学んでいます。いつもの学校教育ではなかった貴重な体験をして、大きく成長したと感じます」

生徒たちは、自らの無限の可能性を実感したことだろう。

続く商品開発

餃子の専門店琉珉珉《りゅうみんみん》が製造し、餃子の皮に勝連町の海でとれたもずくを練りこみ、県産豚肉と国内野菜を使用した新しいジューシーな「肝高のもずく餃子」がある。他にも恩納村の「もずくコロッケ」や伊江村の「イカスミぎょうざ墨ちゃん」などと、二〇一五年三月までコープおきなわが協力した地域おこし商品は、実に二四種類にもなっている。

生協は商品開発や販売に協力するがPB商品にせず、生協以外でも販売は可能であり、それだけ地域に商品を普及する間口は広い。生協法第1条で、生協は組合員だけでなく国民のためにあると明記している。地域社会に根差した生協の在り方として、コープおきなわで展開している地域おこし商品は、いくつもの貴重なヒントを与えている。

②地元の商品にこだわって　こうち生協　二〇一六年六月号

地元へのこだわり

一九八五年に「安全な食品が欲しい」と願う二〇一三人によって設立したこうち生協は、「健康と子どもたちの未来のために」のスローガンを掲げて仲間を増やし、現在は約九万五〇〇〇人もの組合員の食生活を支えている。

そうした組合員の指示を集めている一つが、二〇一〇年からスタートさせた高知県内産商品を紹介するカタログ「こうち版リプレ」である。

西岡雅行理事長は、その意義について以下のように語った。

「組合員に貢献するため連帯を強めて一九九五年にコープしこくを立ち上げ、四国の生協とカタログは共通にしています。すると県内産の商品は以前ほど載らないので、地元の良い物を紹介し、それで人気が出れば四国でも利用できるようにしました。食品の安心・安全はもちろん大切ですが、同時に地元のすばらしい物を県内外に広めることも、生協の重要な役割りだと考えています」

経営効率を図るため連帯によるマスメリットを追求しつつ、並行して地元で小さくてもこだわっている商品も大切にし、地域を活性化させることであり、地域生協にとって重要な視点である。そのいくつかを紹介する。

ようかんパン

宿毛市の学校給食等でなじみの菱田ベーカリーは、四〇年前からようかんパンなど、なつかしさを感じる商品づくりをしている。レンガで積んだオーブンで鉄板を焼く窯を使い、戦後に物資統制で配給された小麦でパンを焼き始め、店舗は持たず業務用・スーパー・病院・老人ホーム・養護学校に卸してきた。

一九六九年に幡多地域で小学校の給食が始まり、パンを作るため機械化し量産した。その後は、宿毛市の保育園給食や中学校給食に卸している食パンやコッペパンを手掛け、高校でも販売しているので宿毛市の多くの人が慣れ親しんでいる。最近は地域外に出ていく方が多く、その人たちに特徴あるパンとして、県外の催事でようかんパンを販売するようになった。

ようかんパンには、こしあんのパンの上にようかんをコーティングしたロングセラーのオリジナル品と、ようかんパンの中にクリームをはさんだようかんツイストの二種類がある。中のあんことコーティングのあんこは同じ物を使っているが、コーティングには寒天を入れてようかん風にするため試行錯誤した。寒天を使っているので、炊きすぎると水分がなくなって固くなり、また温度差が激しいとうまくコーティングできないので、扱いが難しく一つひとつを手作業でしている。

地域では、四月の田植えの時期にようかんパンをおやつに食べ、甘さによって疲れを癒している。今やようかんパンは全国に広がり、北海道から鹿児島まで発送している。

立目ぽんかん

入り海に面した須崎市立目地区は、朝は温度が低く冬場はマイナスになることもあるが、日中は温度が上昇してみかんの糖度も上がり、甘くておいしいぽんかんができる。こうした好条件に恵まれた立目地区のぽんかんは、一九五五年頃から栽培が始まった。

果物を育てるには、太陽の光・水面からの反射の太陽・石垣からの反射が効果的で、三つの太陽の揃った場所が最適であり、これらが立目には全てある。さらには生産者の心の太陽を加え、安全性を考え必要最低限の減農薬栽培で世話をし、甘さが増すと同時にぽんかんの皮でマーマレードやジャムを作る人も安心して使うことができる。

こんにゃく

一九六八年からこんにゃく作り一筋の岡林食品は、こんにゃくの新食感や開発にチャレンジしている。いの町にある清水（旧吾北村）は日当たりが良く、水に恵まれた標高などの立地条件がこんにゃくの芋作りに適している。またこんにゃくの成分の大半は水で、美味しい水が品質の決め手になる。清流の仁淀川の水は質も良く、すっきりしたこんにゃくができ、六ヵ月経っても濁りがない。

地元産の生芋で作ると、こんにゃく独自の味や食感を楽しむことができる。こんにゃくは、空気をより含ませると味がしみ込みやすくなり、本体に味はなくて味付け次第で多様な食味にすることができる。成分と製造法で食感は変えることができ、日数が経つにつれ弾力が出るので、堅いこんにゃくが好きな人にはむいている。

素材を活かした新商品をいくつも開発し、こうち生協のPBである自家製タレを添付した「焼きとり風こんにゃく」はその一つである。鉄板焼きこんにゃくは、味がしみ込みやすい形状にこだわり、タレによって食感までもが変わる。

運転中の眠気防止商品やダイエット中でも食べられるおやつ用にと、味付き乾燥おつまみやおやつとして「乾燥こんにゃくカムカムカール」を開発した。スティック状でまず作ったが、大きすぎると噛みきれないので、一口サイズで気軽に食べられるものにした。こんにゃくは、揚げたり凍らせたりなどしたが、乾燥させるとおもしろい食感で歯ごたえが良く、薄くスライスして味付けをした。ゆず味やいちごミルク味なども工夫したが、最終的に甘辛しょう油・ピリ辛一味梅・ブラックペッパーとし、車の運転中やダイエット中でも気軽に利用できる。

食物繊維が豊富なこんにゃくは、低カロリーであり体に優しい食材で、形と食感を変えるといろいろな物に変身でき、竹串に刺すと焼き鳥の皮に間違うほどである。フライパンを使ったこんにゃくの焼き方で食感が違い、カリカリに焼くと鶏皮のようになるし、あまり焼かず食べるとプルプル感が残る。

きびなごフィレ

黒潮町にある土佐佐賀産直組合は、地元で取れる安全な魚を販売するため一人で立ち上げ、その後地元の商工会の紹介で、高知県の頑張る事業を応援する補助金を使い工場を建て、地元で獲れる安全な魚を新鮮なうちにフライ加工し販売してきた。

一年ごとに社員も増えて社員が四名になった頃に、地元商工会が音頭をとって黒潮町の天日塩を使った商品開発を始めた。最初は天日塩を使った干物を作っていたが、干物では面白味がなく、コンサルタントから「いわしで作ったアンチョビがあるから、きびなごでもできるんじゃないか」と提案があり、アンチョビの作り方を研究しきびなごを使ったフィレ作りが始まった。

きびなごフィレと天日塩

こうしてできた「きびなごフィレ」を、東京で開催された新商品開発のグルメ&ダイニングスタイルショーのイベントに出品した。そこでの反応が良くて一番注目され、これは意外といけるかもとなり、もっと良い商品にしようと、工業技術センターに相談したりグルタミンサンの量を測ったりして、数値で旨みを出そうと従業員でいろいろ考えた。従業員はみんな主婦なので、家で料理をすることを想像し、きびなごを一枚ずつ手作業で卸し、天日塩で塩漬けにして成熟させた後で、さわやかなエキストラバージンオイルに漬け込み、みんなで試行錯誤して「きびなごフィレ」ができた。

完成した「きびなごフィレ」を、グルメ&ダイニングスタイルショーに再度出品したところ、フード部門の大賞を受賞した。その結果、女性誌『ａｎａｎ』やテレビでもこの商品を取り上げてもらい、あわせて「日本でこんな塩を作っていたとは知らなかった」と、黒潮町の塩も高く評価してもらった。「きびなごフィレ」の旨みは、黒潮町の天日塩なしには出ないので、この塩が同時に評価され、高知県内の宿毛産で獲れたきびなごと一緒に相乗効果を発揮することができた。「きびなごフィレ」はそのまま食べてもいいし、フランスパンに乗せたりパスタソースの調味料として使ったりするなど、好みに応じて用途も多彩で創作料理を楽しむことができる。

他にも地元産にこだわったシリーズでは、良質な生栗を使った栗焼酎・薫りの高い茶葉を使用した生チョコレート・わら焼き戻りかつおのたたき・ガーリックアジフライ・黒砂糖などと多数並んでいる。コープしこくの商品に比べると、供給高に占める割合は少ないかも知れないが、高知県の組合員にとって話題性は高い。地域に根差した「こうち生協」として、大切な商品となっている。

③障がい者に寄り添って歩む

エフコープ　二〇一七年一二月号

二〇一七年一〇月中旬の早朝に羽田空港発を使い、三年ぶりに福岡空港へ飛び友人の車で福岡県うきは市へ入った。途中で三ヵ月前に集中豪雨のあった朝倉市を通り、まだ大量の泥に埋もれた痛々しい田畑や家屋を、いくつも身近に見ることができた。地域活性化のシンボルの一つでもある「うきは道の駅」では、ＣＯ・ＯＰ共済のマークの付いたベンチやごみ籠などがいくつもあり、生協が地域おこしに関わっていることを見ることができた。

福岡県全域で展開しているエフコープ生協は、県内にあった北九州市民、むなかた、福岡市民、筑豊市民、久留米市民の五地域生協が一九八三年に合同して誕生し、二〇一六年度で組合員数四八万人、年間供給高五二八億円、スタッフはフルタイム一一五九名と定時一六一九名にもなっている。なおエフには、福岡のＦもあれば５（Ｆｉｖｅ）生協や家族（Ｆａｍｉｌｙ）のＦの思いも込めている。

そうしたエフコープは、これまでの食の事業を中心にしつつも、障がい者福祉など地域に役立つ新たな分野へ広げる方針を、二〇〇九年に「二〇二〇年ビジョン」で策定した。二〇一四年には事業企画部を設置し、障がい者雇用の推進や環境問題に配慮した新規事業を目ざした。

障がい児の学童保育所を訪ね

うきは市内にあって、エフコープの子会社が運営する放課後等デイサービス「うぃずあっぷる浮羽校」を訪ねた。広い旧市立保育園を活用し、一〇人の障がい児が三人の女性スタッフと伸び伸び遊んでいた。庭の一角にはプールもあり、夏になれば子どもたちは水しぶきを上げる。

誘われて子どもたちと一緒に菓子を食べ、少し交流した。そのとき小学二年の男の子が、照れくさそうに寄ってきて「こんにちは」と言ってくれたので、私も目線を合わせ「こんにちは」と挨拶した。横にいた管理者が、「この子は入ってきたとき、ほとんど言葉が出ませんでした。でも私たちが顔を近づけてゆっくりいつも語りかけていると、少しずつですがこんなに話ができるようになったんですよ。とても嬉しいです」と笑顔で話しつつ、その子の頭を優しくなぜていた。

まだ言葉が満足に出ない四歳の孫を思い浮かべた私は、思わず目頭が熱くなった。

おやつの後で低学年生は走りまわり、高学年生は隣の部屋で宿題をしていた。

この施設の目的は、通学中の障がい児童に放課後や休日の居場所を提供し、自立促進や生活能力向上のカリキュラムを継続的に提供して、学校教育と相互に成長を支えることにある。そのため小学一年から高校三年までの障がい児が、学校の放課後や休校日にレクリエーションや運動もあれば、自立した日常生活を営むために必要な訓練などをする場でもある。さらに保護者とは、必要な情報の共有や親睦を目的とした交流会もしている。二〇一六年の開校式には、うきは市・うきは市社会福祉協議会・提携病院の関係者が参列するなど、地域ともよく連携している。

ここの運営時間は、月曜から金曜が一〇時より一八時で、土・日曜、祝日、盆や正月以外の長期休暇で九時から一七時となっている。なお放課後等デイサービスは、二〇一二年制定の児童福祉法による事業で、障がい児童や生徒が学校外で集団行動する機会や居場所をつくり、障がい者の学童保育とも呼ばれている。

うきは市とエフコープの協同

うきは市は福岡県の南東部で大分との県境に位置し、北は朝倉市、西は久留米市、南は八女市と大分県日田市、東も日田市と接している。南に耳納《みのう》連山を抱き、北に筑後川が流れて左右に水田地帯や果樹地帯があり、七五％が森林の自然豊かな地域で人口は約三万人である。その市とエフコープは、①地域福祉の振興、②地域農業の振興、③健康づくり・食育、④くらしの安全・安心、⑤防災対策に関して二〇一五年に包括連携協定を結んでいる。

市役所を訪ねて髙木典雄市長から生協とどんな思いで関わり、そして今後の期待などを聞くと熱く語ってくれた。

「エフコープさんと協定を結ぶことができたのでたいへん心強く、これからも地域の活性化のため市との連携をよろしくお願いします」

二期目の市長のスローガンである「うきは市ルネッサンス戦略」では、重点施策の一つに「女性、若者、高齢者、障害者など、すべての人々の社会参画を進め、それぞれが支え合い生涯現役の地域社会を目指します」とある。

これはエフコープが地域とともにめざす地域の活性化・県内産地の育成・障がい者雇用創出と方向は同じで、エフコープの子会社である（株）アップルファームは、市との連携のもと農業生産法人を設立して、障がい者による農産物の生産に取り組む協議もしてきた。

この地域農業の振興で二〇一八年度から市内でミニトマトを栽培し、エフコープの店や共同購入で販売する予定である。同時に障がい者と雇用契約を結ぶ就労継続支援A型事業所が市内に少ないことから、将来的に大型のビニールハウスでの栽培や選別・出荷などを事業にする予定で、市や農業委員会の協力も得てすでに広い用地を確定し、国の補助金も確保できる見通しとのことで来年の開所が楽しみである。

障がい者による椎茸栽培

次の日に篠栗《ささぐり》町のエフコープ本部敷地内にあるアップルファームを訪ねた。椎茸の生産・加工・販売をするため二〇一四年に設立し、障がい者に対し就労に向けた知識や能力の向上を図り、雇用契約を結ぶ就労継続支援A型の特定障害福祉サービス事業所を翌年に開設した。

灰色のスレート材で造った約三〇メートルの細長い平屋の作業所で、一一人の障がい者によって一年間通しての椎茸栽培をしていた。もみ殻を素材にしたレンガを二つ重ねたほどのこげ茶色の塊で、中に椎茸の菌が埋め込んであり、温度と湿度などの管理をきちんとすれば、一〇日から一五日ほどで成長し商品にすることができる。それも収穫後の処理をていねいにすれば、さらに二回も同じようにして生産を繰り返すことができるから便利である。

アップルファームにおける椎茸の収穫

高さ二メートルほどのキャスター付きスチールラックが狭い通路の左右に並び、その棚台にずらりと塊が置いてあった。室温は暑くて湿度もあり、メガネがすぐに曇った。そうした環境で障がい者は、椎茸の水かけや間引きもあれば、成長した椎茸の茎切りもあるし、別の作業小屋では規格品と規格外に選別して、出荷するため計量して袋詰めなどをそれぞれがていねいにしていた。

管理者の話では、障がい者の各特性に合わせて作業をしてもらっているとのことで、それぞれが無理なく一所懸命に働いている様子を見る事ができた。

ある障がい者に、「椎茸をお母さんに買っていくことはありますか」と尋ねると、「はい、時々あります。食べると家族の皆が美味しいと言ってくれるので嬉しいです」とゆっくり話してくれた。汗水流して働き育てた椎茸を、親や兄弟が食べて喜んでくれれば、それは仕事のやり甲斐にもきっとつながる。

障がい者にとって働き甲斐のある仕事は他にもあり、管理者が話してくれた。

「月二回は、エフコープの店で午前中のマネキン販売を四人でしています。当初は出なかった『いらっしゃいませ』を、何回も練習して発声できるようになりました。また普段の販売は一日四〇袋程が、店に立つと一〇〇袋売れる反響があって自信を深め、また店に行きたいと言います」

仲間と育てた椎茸を組合員が買ってくれることで、社会に役立つ仕事をしているとの実感を障がい者の一人ひとりで持つことができ、また頑張ろうという気持ちになる。また月給はA型事業所全国平均の約二倍の一二万円もあり、中には親に新車をプレゼントしたい人もいるので驚いた。

ここで働き仕事に慣れた二人は、エフコープの子会社で二〇一四年設立の（株）ハートコープえふに就職し、同じ敷地内にあるエフコープの物流施設の一角で、段ボールなどの再生資源物の集積や加工もあれば、蓄冷剤投入等の業務を担い給与も増えている。

土産で頂いた椎茸は、帰宅してすぐ焼いて生姜と醤油を付け、お酒と一緒に口へ入れた。美味しくいただきながら、エフコープのさらなる役割発揮の場をぜひまた見たいと思った。

④共生社会をめざし

パルシステムグループ　二〇一八年二月号

昨年一二月に都内で、パルシステムグループ助成金二〇一七年度合同報告・交流会が開催となり一二〇人が集まった。同グループの八組織（東京・神奈川ゆめコープ・千葉・埼玉・茨城・山梨・共済連・連合会）は一〇の助成制度を運営し、心豊かなくらしと共生の社会を創る理念の実現に向け、格差の拡大など深刻な社会問題が進むなかで、ネットワーク構築と地域社会づくりに貢献する市民活動を支援するため、二〇一六年度は二二四団体に五一四七万円を助成した。

当日の貴重な報告の中から三つの事例を紹介する。

もやい

「〈もやい〉の活動とパルシステムとの連携事例」のテーマで、ＮＰＯ自立生活サポートセンター・もやいの加藤歩事務局長から話があった。

貧困問題を社会的に解決することが使命で、自分の生き方を自分で選択や決定し、生きがいをもって自分らしい生活を送る自立生活を支えている。

そのため第一に入居支援事業で、延べ約二五〇〇世帯に連帯保証人を提供し、約四五〇世帯に緊急連絡先を提供した。

第二は交流事業で、「サロン・ド・カフェこもれび」、女性限定の集まり「グリーンネックレス」、若者の居場所「ランタンベアラこもれび」、農作業やコーヒー焙煎の働く場づくりをしている。

第三は生活相談・支援事業で、年間約四〇〇〇件の生活相談や、年間約一二〇件の生活保護申請等の同行支援をしている。

第四は広報・啓発事業で、講演や授業、他団体への研修等と、政府や自治体に対して必要に応じて政策提言やメディアへの取材対応をしている。

こうした活動で、対人援助など当事者の支援や問題の可視化と社会的な発信もあれば、政策提言による制度化も大切である。貧困問題は複雑でわかりづらく、正しい知識や理解を広めるため、『貧困問題レクチャーマニュアル』を二〇一四年に作成し、披露目講座には三日間で一三〇名が参加した。パルシステム東京とは、第一版三〇〇部を同助成金で作成し、年一回の貧困問題基礎講座を連携している。

ユニリーフ

視覚障がい者用のユニバーサル絵本を普及するユニリーフの大下利栄子代表からの報告である。

透明シートに本文を点字化してはさんだユニバーサルデザイン絵本は、一九八〇年代にイギリスで開発され、見える子と見えない子が一緒に楽しむことができ、日本での取り扱いをユニリーフがおこなっている。

全盲の娘を支援している大下さんは、英国クリアビジョン・プロジェクトを視察した専門家の協力を得て、神奈川県子ども子育て支援プロジェクト助成を使い具体化した。高校授業やイベント出展により、広く市民に知ってもらう活動を目指す。ユニバーサルデザインの理念の推進が使命で、同絵本製作や普及活動を通じ、見える子も見えない子も一緒に使うことで相互に理解し、誰もが尊重され共に生きる社会実現を目的とする。

このため活動は、第一にユニバーサル絵本の製作で、週一回の定例や他に必要に応じて作業会を開催して、シート裁断やタイプライターかパソコンで点訳し、製本してブックフィルムをかけて仕上げている。ゆめコープの支援でシート対応の点字プリンターを輸入し、専門家の指導で科学絵本を中心にし、二〇一五年から二〇一七年までに七七七冊を作成した。

第二にユニバーサル絵本の個人や学校への貸出支援で、利用者や先生と相談して選書し、二〇一六年は四〇の個人と団体に一一二八冊を貸し出した。

第三にユニバーサルデザインの理念の啓発や普及活動で、ある高校で点字講座と絵本製作の授業もあれば、ボランティア活動部の取り組みもある。市民向けユニバーサル絵本製作講座を二〇一六年に開催し、参加した六名が仲間として活動している。二〇一七年はホームページやＳＮＳ経由で八割が市外から参加し、市や教育委員会の後援で市全域にポスターを貼り、多くの人に知らせている。

神奈川県主催の企業×NPO×大学パートナーシップミーティングや、逗子市民イベントなどで同絵本を紹介している。

スペースふう

脱使い捨て社会を目指している認定NPOスペースふうの永井寛子理事長から話があった。

一九九九年〜二〇〇三年は黎明《れいめい》期で、一九九九年に女性たちの共同出資でリサイクルショップを開業し、二〇〇二年NPO法人を取得した。

二〇〇三年〜二〇〇六年はモデル形成期で、二〇〇三年にリユース食器レンタル事業へ転換し、二〇〇六年にリユース食器レンタル事業が経済産業省の環境コミュニティー事業のモデル事業に選ばれ、二〇〇六年にリユース食器ふうネットを設立し、現在一五団体とネットワークでつながっている。年一度の「ふうネットサミット」を開催し、第一回全国リユース食器フォーラムｉｎますほで、〝脱〟使い捨て食器の共同宣言を採択し、二〇〇四年Ｊリーグ・ヴァンフォーレ甲府のホームゲームにリユース食器を導入した。

二〇〇七年〜二〇一一年のチャレンジ期では、年間レンタル数一〇〇万個を突破し、二〇〇七年環境大臣賞、二〇〇八年内閣府男女共同参画女性のチャレンジ賞、二〇一〇年山梨県功績者賞（団体）、二〇一七年総務大臣賞（個人）を受賞した。また二〇一〇年には、パルシステム山梨他と連携し広がれ小瀬エコスタジアムプロジェクト実行委員会が発足した。

二〇一二年～二〇一六年は変革期で、世代交代で持続可能な事業をめざす組織の見直をし、山梨県へ富士川町の政策提言もしている。

二〇一七年からの展望では、①市民農園の取り組み、②脱使い捨ての取り組みを定着させ、循環型社会の構築を図る、③プラスチックの海ごみによる海洋汚染問題がある。

交流会もあり共生社会をめざすため生協の枠をこえ、地域に密着した有意義な市民活動との協同の輪が広がりつつあることを実感できた。

⑤一人ひとりがその人らしく　生活クラブ風の村　二〇二〇年二月号

互いの助け合いの理念で、千葉県の広域において福祉事業を展開する生活クラブ風の村（以下風の村）は、赤ちゃんから年寄りまでの幅広い事業に取り組み、人生のすべてのステージで必要とする支援をめざし、生協の内外からも注目されている。地域づくりの視点から福祉を考え、支援する人もされる人も地域の一員として、役割を持ってともに生きる社会を創ってきた。

こうした風の村の考え方は、キャッチコピーの「ここで暮らす人々がその人らしく生きてほしい。一人ひとりがその人らしく」によく表れている。

京成臼井駅前にある風の村本部を訪ね、一九五一年生まれの池田徹理事長から貴重な話を聞かせてもらった。そのポイントは、①生協と福祉、②コミュニティー・ビジネス、③ネットワーク、④ユニバーサル就労で、以下に風の村におけるこだわりを紹介する。

風の村概要

まず風の村の全体を理解するため概要に触れる。一九九八年に設立し、柏、船橋・市川、君津、各市しごと・くらし事業部、佐倉・成田、八街・茂原、千葉・市原、流山の八エリアに事業を分け、二〇一九年八月末現在の職員数は、常勤六八二人と非常勤一〇七四人の計一七五六名で、二〇一八年度の事業高は六三億四八六九万円である。

驚くのは、高齢者や障がい者や子ども支援の他に医療や相談など、福祉に関わる多面的な事業を展開し、利用者は四〇〇〇人をこえ以下のように多彩である。

訪問介護（ホームヘルプ）、高齢者デイサービス、ショートステイ（短期入所生活介護）、ケアプランセンター、小規模多機能型居宅介護、サービス付き高齢者向け住宅、有料老人ホーム、特別養護老人ホーム、診療所、訪問看護ステーション、地域包括支援センター、総合相談窓口、生活困窮者自立支援事業、放課後児童デイサービス、児童発達支援、保育園、学童保育、障害者就労継続支援、障害者生活介護、児童養護施設・乳児院、自立援助ホーム、障害者グループホーム、退所者等アフターケア事業

二〇一九年一二月現在の事業所一覧表には、実に九六もの名称が載り、主な開始は以下である。

一九九四年　地域生協初のホームヘルプサービス「たすけあいネットワーク事業」
二〇〇〇年　特別養護老人ホーム風の村（現・風の村特養ホーム八街）
二〇〇三年　中核地域生活支援センターあいネット
二〇〇四年　わらしこ保育園
二〇〇七年　在宅総合支援センターさくら風の村

二〇一一年　いなげビレッジ虹と風
二〇一三年　風の村重心通所さくら、風の村はぐくみの杜君津
二〇一五年　風の村福祉用具事業部、生活困窮者自立支援事業受託
二〇一七年　風の村はぐくみの杜君津赤ちゃんの家

生協と福祉

一九七六年にできた生活クラブ生協・千葉は、一九九四年から自らを「食の不安と老いの不安に応える生協」と位置付け、高齢社会における地域生協の新たな役割を食と福祉におき模索してきた。

一九九八年に厚労省の「生協のありかた検討会」が、福祉事業への生協参入を促し、介護保険事業で員外利用を認めたが、地域生協では関心が薄く積極的に参入する生協は少なかった。措置制度から契約制度へ移った福祉業界においては、公や私でもない共の領域を重視する生協の役割が大きい。そこで同年に社会福祉法人たすけあい倶楽部を立ち上げた。

事業規模が大きくなるにつれ社会的役割を整理し、二〇〇四年に社会福祉法人たすけあい倶楽部と生活クラブ生協・千葉のたすけあいネットワーク事業を統合して、社会福祉法人生活クラブに改称した。二〇一一年には、生活クラブ生協・千葉の通称を生活クラブ虹の街にし、社会福祉法人生活クラブを生活クラブ風の村とした。こうして独立した福祉法人と生協が、独自の役割を果たしつ

つ地域社会のため協同することがより明確になった。

池田さんの話である。

「地域に大切な福祉事業は、中途半端な取り組み方ではうまく進みません。千葉では福祉の事業を社会福祉法人に一本化し、社会の動向を見極めつつ全力を挙げて取り組んできたことがうまくいったようです」

事業の領域を明確にすることがまず重要で、生協の一部にとどまらずに福祉事業に特化した風の村が、経営主体を明確にして歩みだしたことが一つ目のポイントである。

コミュニティ・ビジネス

池田さんが、コミュニティ・ビジネスの定義について語ってくれた。

「コミュニテイ・ビジネスとは、第一に地域の人が働く、第二に地域に貢献する事業を行う、第三に利益を地域に還元することで、この三つを兼ね備えた事業と私は規定します。福祉分野に限らずこの三条件を満たした事業を、法人形態にかかわりなくコミュニティ・ビジネスとして税制優遇をすれば、地域社会はもっと元気になります。生協は、その法人形態のみで社会的な価値を主張することはできず、コミュニティへの具体的な貢献で自らの価値を証明すべきと考えます」

日本でまだ進む大都会集中によって、暮らしや防災などいろいろな問題が発生しており、コミュニティからの見直しが求められている。一人ひとりの尊厳を守る地域社会を創ることは急務であり、コミュニテイ・ビジネスはますます大切になっていくだろう。

ネットワーク

コミュニテイ・ビジネスを効果的に進めるにあたり、生活クラブ千葉グループを設立し、地域でのネットワークを大切にしている。そこでは誰もが排除されることなく、その人らしく暮らすことができるように、社会問題の解決とコミュニティの再生に取り組み、風の村と虹の街の事業を中心として、人と自然を大切にして暮らしやすい地域づくりを目的にしている。

生活クラブ千葉グループ協議会は以下の九団体で構成し、それぞれの役割を全体のために発揮している。

生活クラブ生協（虹の街）、社会福祉法人生活クラブ（風の村）、NPO法人せっけんの街、NPO法人ワーカーズコレクティブ千葉県連合会、認定NPO法人VAICコミュニティケア研究所、NPO法人地球市民交流基金EARTHIAN、認定NPO法人ちば市民活動・市民事業サポートクラブ（NPOクラブ）、NPO法人はぐくみの杜を支える会、NPO法人ユニバーサル就労ネットワークちば

理想的な福祉を実現するため池田さんは、生協や福祉法人の枠内だけで考えるのでなく、共通の志を持ついくつもの団体で協同することが大切だと強調していた。

ユニバーサル就労

コミュニティ・ビジネスやネットワークをより前進させるためには、内部で支える職員の役割が極めて大きい。そこではこれまでの働き方だけでなく、中間的就労であるユニバーサル就労も大事だと池田さんは話してくれた。

「働きづらさをかかえた人も職場に迎え入れる仕組みとして、風の村がユニバーサル就労と名付けました。障がい者、引きこもり、生活困窮、ひとり親、若年認知症、ガン発症、ＬＧＢＴなど、さまざまな理由で働きづらさをかかえる人が増えています。すぐに雇用契約を結んで働くことが難しい人のため、雇用未満の働き方も用意しました。無償または有償のボランティアで働きはじめ、伴走型の個別支援をおこないつつ、スキルアップして雇用をめざします。二〇〇六年から風の村で導入して多くの人がこの仕組みで働き、さらに一般就労を達成しています。ユニバーサル就労を広げ、誰もが働くことを通して自己実現できる社会をめざしています」

二〇一五年の生活困窮者自立支援法により、雇用未満の中間的就労が制度化されたことも、ユニバーサル就労の具体化を後押しした。風の村の各職場では、六三人もがユニバーサル就労で働き、この取り組みを千葉県内だけでなく全国にも普及するため、二〇一四年にＮＰＯユニバーサル就労ネットワークちばを設立した。

誰もが働くことにより自らの尊厳を守るためにも、ユニバーサル就労は各地に広がることだろう。

障がいがあり車椅子で働きながらも、理想の福祉を常に追い続けている池田さんのロマンは、「新しい社会モデルをつくることが私たちの使命です」の言葉に現れている。詳しくは池田さん編著の『挑戦を続ける生活クラブ風の村』（中央法規　二〇一五年）で、過去・現在・未来を熱く語っている。

風の村の実践は、今後の生協や地域の在り方についても貴重な示唆をいくつも与えている。

⑥広島で平和を考える

生協ひろしま、他　二〇一四年一〇月号

虹のひろば

「ドドーン！　ドドーン！」

広島県立総合体育館グリーンアリーナの広いドームに、激しくたたく和太鼓が響き渡った。八月五日のことである。夏の平和式典時の広島では珍しい小雨のパラつく中、午後一時から「二〇一四　ピースアクション in ヒロシマ」が開催となり、全国各地の生協から約一二〇〇名が集まっていた。「継承と創造～伝えよう明日へ未来へ！」をキャッチフレーズにしている。

「虹のステージ」のオープニングを飾ったのは、広島文化学園大学の和太鼓グループ「和☆Rock」で、日本の伝統を守りつつ新しいことに挑戦している。

広島市の松井一實市長が、「皆様には、今後ともヒロシマと思いを共有し、核兵器のない平和な世界の実現に向け、共に力を尽くし行動してくださることを心から期待しています」と歓迎の挨拶をし、主催者を代表して日本生協連和田寿昭専務が話した。

続くリレーメッセージでは、被爆者代表の大越和郎さんが檀上に立ち、五歳の時に自宅で被爆し、逃げてきた多くの被爆者を目撃したことや、教師の父は教え子を訪ねて市内へ入り、子どもに親の死を伝えるのが辛かったことを伝えた。

組合員代表の片岡路子さんは、広島中央保健生協の理事として平和活動に関わると同時に、生協ひろしまの虹のコーラスにも所属し、毎月平和記念公園で歌って核兵器廃絶を訴えている。

続いては、幼児から大人まで五〇人ほどで構成したNPO法人IPRAYによる広島への原爆を題材にした創作劇があり、次世代を担う子どもたちを中心に平和と命の大切さを訴えた。

大学生の代表や、全国からやってきた子どもたちに、平和公園内で案内した子ども碑めぐりガイドの話もあった。広島県内の小学四年生～中学三年生の子どもたちで、事前にガイド養成講座を受講してヒロシマについて学習していた。

一四時四五分からは、会場の後方にある出展ブースの見学や、テーマ別の企画へ自由に参加したりする第二部「みんなのひろば」の時間である。美意識をもって文字（コトバ）を書くコンセプトの、安田女子大学書道学科による大書パフォーマンスがあった。作品展示の他に、地域の方に感謝し貢献するため、各地で書道パフォーマンスやワークショップなども積極的にし、平和に対する想いを大書で表現している。

日本被団協作成の「ヒロシマ・ナガサキ原爆と人間」パネル展や、今年六〇周年を迎えるビキニ水爆実験に関するパネル展もあれば、平和首長会議・二〇二〇ビジョンコーナーもあり、核兵器を取り巻く状況についての〇×クイズと、NPT再検討会議に関する展示の他に、自分の市町村が平和首長会議に加盟しているかをチェックし、一人ひとりが平和について考え行動するきっかけとしていた。

つながろうCO・OPアクションコーナーでは、東日本大震災の被災地で奮闘している福島県生協連、コープふくしま、みやぎ生協などが出展し、復興に関する大切な活動をいくつも紹介していた。

会場の壁面に沿っては、コープおきなわ、大学生協連、ララコープ、エフコープ、コープやまぐち、コープみらい、神奈川県生協連、パルシステム神奈川、ユーコープ、コープながの、大阪いずみ市民生協、おおさかパルコープ、わかやま市民生協、コープあいち、鳥取県生協、福山医療生協、日本医療福祉生協連などが各々のブースを出していた。説明する担当者を配置しているコーナーも多く、それぞれが創意工夫して平和について取り組んでいる貴重な活動内容を、ポスターや冊子などで紹介していた。

一五時四五分からのフィナーレは歌声コーナーで、子どもから大人まで約六〇人による生協ひろしま虹のコーラスが舞台に立ち、会場の参加者と一緒になって「花は咲く」や「地球のうた」などを合唱して集会を終えた。

九条を考える全国生協組合員活動交流会

続いて近くの会議室では、二〇一四年第七回平和憲法・九条を考える全国生協組合員活動交流会

inヒロシマが開催となり、二二生協から八一人が参加した。平和憲法・九条を考える全国生協組合員ネットワークと、生協ひろしま平和憲法・九条を考える会が主催し、世話人の開会挨拶に続き、生協ひろしま「虹のコーラス」による歓迎の合唱の後、三生協から以下の報告があった。

①平和の取り組みの紹介：ララコープ

二〇一四年の沖縄戦跡・基地めぐりへの代表派遣や、ピースアクションinヒロシマ、ナガサキへの参加、北海道子ども平和交流会の参加、核兵器禁止条約の交渉開始を求める署名活動など、多彩な取り組みをした。三月と六月に伊藤真伊藤塾長を講師に憲法学習会を開催し、今後も学習を強めたい。

②集団的自衛権行使容認に反対する意見書提出と学習会の取組み：おかやまコープ

理事会として、憲法解釈による集団的自衛権行使容認に反対する意見書を提出し、憲法学習会を開催した。

③特定秘密保護法に反対する理事会声明・戦争ができる国づくりへの反対声明：いわて生協

一月に特定秘密保護法に反対する理事会声明、七月に戦争ができる国づくりの動きに反対する声明を発表した。多くの組合員に関心を持ってもらうため、店舗レジで声明を配付し、他にもコープ委員会や常勤者へも配った。平和を学ぶ自主的なピースキャンパスでの学習もしている。

その後で参加者は、二つのグループに分かれて意見交流をした。

「危機感を感じ、官邸前行動に参加するなどしている。もう一歩進んだ取組みがないものかと悩んでいたが、今日はヒントをもらえたので早速視覚に訴える提起を考えたい」

「特定秘密保護法や集団的自衛権の問題にしろ、生協が反対声明を上げるのは難しい」

「平和憲法の九条を守る取り組みを、学習会や集会などで粘り強くしてはいるものの、もっと関心を広げたいので他の生協の活動を知りたい」

私も議論に参加し、以下の問題提起をさせてもらった。

「虹のひろばに毎年一二〇〇名も集まることは、生協の素晴らしい平和の取り組みで、この大切な輪をもっと広げるためには、過去の広島の悲劇を学びつつも、それぞれの地元での形を変えた現在の平和活動が求められているのでは。戦争や原爆の反対だけが平和活動ではなく、いじめや貧困など平和を否定する構造的暴力は、日本の各地でも広がりつつあり、組合員の生活の安定や生活文化の向上をゆがめている。こうした問題意識をもった地域づくりが大切であり、東日本大震災から復興しつつある被災地の取り組みからも学ぶことができる」

時間の関係で議論を深めることまではいかなかったが、各地から集まった人たちから、平和を守ろうとする熱気を感じることができた。

ノーモア・ヒバクシャ記憶遺産を継承する会からの訴えもあった。

最後にネットワークの事務局で岩手県生協連の吉田敏恵専務理事が、閉会の挨拶をした。

「集団的自衛権行使は閣議決定されたが、それですべて終わりではなく、一五もの法律が変わらなければ実行できないことから、これから一年が大切な期間になります。このネットワークは交流することで励まし合うことができ、またHPを九月からリニューアルし、各地の生協の活動を紹介するので参考にしてください」

小さな場であったが、平和をめぐる時節に合った生協の有意義な情報の共有ができた。

平和祈念式で

六日の朝、小雨の中を平和公園に向かった。式典用の白い大きなテントは、すでに参列者で一杯だったので傘をさしたまま横に立った。

八時からの平和祈念式には、安倍首相やケネディ駐日大使も参列し、平和宣言などの後で慰霊碑に献花する姿が見えた。その石碑の前面には、「安らかに眠って下さい　過ちは繰返しませぬから」と刻まれている。広島と長崎への原爆投下を謝罪していないアメリカは、核による脅威を今も世界中にかぶせ、日本政府は原発事故という最悪の核害を国民に強いたが、反省せず原発の再稼働や輸出をもくろんでいる。これを過ちと言わずして、何と表現するのだろう。主語のないこの碑文は、残念ながら首相と大使の二人にとっては他人事としか映ってないようだ。

暮らしや地域から平和のため構造的暴力をなくすことが、私たち一人ひとりに求められているのではないだろうか。

⑦心の輪をひろげよう

東都生協、他　二〇一九年一月号

二〇一八年一〇月二八日の午前中に東京都生協連会館で、きょうされん（旧共同作業所全国連絡会）と東都生協が協力して「心の輪をひろげよう」をテーマに、共同作業所で働く障がいを持った利用者と生協の交流会が開催となった。ゲームやおしゃべりをしながら福祉の現状や取り組みについて学び、各作業所自慢の手づくり品の買い物も楽しむことが目的であった。

きょうされんは、共同作業所への公的補助金制度がない中で、一六ヵ所の共同作業所で一九七七年に結成した。当初の知的や身体の障がい者中心から、精神や重度重複、中途障がい、アルコール依存、発達障がいや難病などにも対象を広げ、現会員数は一八七〇ヵ所となり、生活施設やグループホームや相談支援事業所なども加盟している。障がいのある人たちの豊かな地域生活をめざし、当人の思いや願いを大切にしつつ、国や自治体への要求運動、研修会、財源をつくる販売活動、ニュース発行など多岐に渡って活動している。

作業所とは障がいのある人たちの働く場で、共同作業所や小規模作業所とも呼ぶことがある。仕事をして給料（工賃）をもらうことが基本で、企業からの受注、パン・クッキー・弁当・とうふなどの生産、縫製品や木工品等の製造販売、清掃作業、喫茶店、農作業などと多様である。東都生協は、きょうされんと共同購入事業や組合員活動などをさまざまな場で協同している。

当日は、東都生協組合員や作業所の利用者とその職員、東都生協職員と保育ママなどの約六〇人が参加した。

いくつもの作業所では

一〇時三〇分に会はスタートし、アイスブレイクの「さくぶんゲーム」で気分をほぐした後は、障がいを持った利用者さんを含め、参加している作業所と商品の紹介があった。

府中市の作業所スクラムでは、どのような障がいを持った人でも、働くことや様々な活動を通して活き活きと日常生活を送る場を提供し、利用者さんが絵を描いて型をとり、かわいい動物のハンドタオルや手ぬぐいなどを作っていた。

昭島市で八六人もの利用者の働く「リサイクル洗びんセンター」からは、ミヤギシロメの豆乳から豆腐を作り、それを使用したとうふドーナツ（かぼちゃ）もあれば、まめころん（チョコ、プルーン、かぼちゃ）などもあった。このセンターは、東都生協などで回収したビン容器を洗ったり、商品案内のセット作業や、リユース食器の洗浄、食品の充填・箱詰め・包装などもしている。

府中市の「むさし結いの家」では、さまざまな活動を通して元気に日常生活を送ることができる場をつくり、添加物を使わずに上質の材料だけを使ったクッキー、マドレーヌ、ビスコッティ、東京ちんすこう（紫芋、塩）を製造していた。

　江東区にある「のびのび共同作業所　大河」は、病気や事故による中途障がいである高次脳機能障がい者が日中活動し、企業の下請け作業や手作り品の製作をしている。寄付してもらった着物や帯を使い、和風リメイク商品に仕立てていた。会場には、色とりどりの上品で丈夫なバッグが並んでいた。ここには中国からの帰国女性で手先の器用な方がいて、頭の上から足先で用いる品を作ることができ、糸くずさえも編み物にしているから凄い。他に布ぞうりやタワシもあった。

　府中市の「集いの家」では、利用者が苗から育てたラベンダーをドライポプリとし、小袋の縫製から袋詰めまで全て手作業で仕上げていた。商品はラベンダーのアロマキットやサシエもあれば、手漉き和紙カレンダーもあった。

　小平市の「サングリーン」では、二五年も続く米ぬか石鹸セモラの他に、セモラスポンジや地元の特産品である生のブルーベリーを使ったジャムもあった。

　日野市の「ふらっと・すずかけ」は、比較的重度の利用者がいる生活介護の成人施設で、地域の飲食店からもらった排油をリサイクルし、添加物なしで環境に優しく、食器やホワイトボード向けの液体洗剤「さらっと・ふらっと」を作っている。

　一一時三〇分からテーブル交流と買い物タイムとなり、その後は各グループで交流した。各作業所で作った商品の作業工程とこだわりや作る楽しさなども話してもらい、テーブル別に作業所のＰＲポップを作り出し合った。コーナ別に並べた作業所商品の販売では、参加者が手にして商品の購入を楽しみ、一時過ぎに閉会となった。

参加者の感想

二六枚の参加者ンケートでは、交流会にはじめて参加一〇名（三九％）、二回目三名（一二％）、三回以上一一名（四二％）、未入力二名（八％）であり、初参加と三回以上で二分している。年齢別では、三〇代三名（一二％）、四〇代五名（一九％）、五〇代八名（三一％）、六〇代七名（二七％）、七〇代二名（八％）であり、五〇代以上で三分の二を占めている。平日の午前中であれば、こうした参加層になるだろう。

いくつもの感想があった。

・障がいのあるなしに関らず、社会の一員として生活していくことの大切さ、それを理解し応援することが私たちの役目だと思います。今日はとても楽しい一日になりました。ありがとうございました。

・〝その障がいの状況にあわせている〟ということに、とても尽力されていることがビシビシ伝わってきました。

・各作業所の取り組みの様子を知ることができ有意義な時間でした。広く組合員に知らせるためにも、特別チラシなどで商品を買えるようにできないでしょうか。この場でしか買えない商品もありもったいないと思いました。

・皆さんと接する機会で様々な様子がわかりました。楽しく働いていらっしゃる姿も思い浮かべながら商品も購入します。
・作業所の方々とお話したり直接顔を見て商品を手に取ることは、なかなかないので貴重な機会になりました。手作りの品には思いがつまっているなーと思いました。
・書いたものを読むのと実際にお目にかかってお話しするのは全然違いました。楽しかったです。

東都生協の福祉政策

東都生協は、きょうされんと一九八八年より活動や事業の場での協同を進め、国会請願署名の協力や作業所の商品普及活動もしている。二〇一七年一月の同理事会において、以下の福祉政策二〇二五を策定した。

1、東都生協がめざす福祉

（略）福祉という言葉を「高齢者や障がい者、子どもなどの社会的弱者に限定するものではなく、すべての人々が幸せなくらしを営むために、互いのいのちとくらしを守っていくことであり、人々が互いに手助けすること」と定義しました。

2、東都生協が担う福祉の事業と活動

（略）福祉の取り組みの推進にあたっては、組合員と役職員が一緒になって、元気な組合員活動で人と人とのつながりをつくり、地域の人々の生活上の不安や困りごとに寄り添い、誠実に向き合いながら一緒に問題解決の糸口を探していきます。組合員も役職員も一人ひとりが自らのこととして考え、みんなで学び、話し合い、自分の「できること」の力を活かして行動することが重要です。

3、四つの柱と重点的な取り組み

①誰もが健康で安心して生活できる地域社会づくりをすすめます。（略）

②人々の高まる不安に対応した、くらしに役立つ事業とサービスを提供します。（略）

③組合員の豊かな生活を維持・発展させる組合員活動を広げていきます。（略）

④人にやさしい福祉の風土づくりをすすめます。（略）

こうした政策によって、きょうされん第四一次国会請願署名で四四五五筆や、リサイクル洗びんセンター支援募金一八一万円を集めたりしている。生協の祭りやイベントなどの場に共同作業所が出店する制度もあり、一〇作業所が自主商品を持参して販売し、経済的な支援と同時に利用者と組合員の交流を工夫して促している。

二〇一四〜一六年実施の障がい者の調査から厚生労働省は、障がい者総数は約九三六万六千人との推計を公表した。前回二〇一三年の推計の約七八七万九千人より約一四九万人増え、全人口に占める割合も六・二％から七・四％となっている。

組合員や地域にこれだけ多くの障がい者がいるわけで、これまで以上に地域社会へ密着した生協の在り方を追求すれば、それぞれの緻密な福祉政策が求められる。

⑧未来ハ我等のものな里

全国大学生協連　二〇一九年一二月号

未来ハ我等のものな里

二〇一九年一一月に東大で全国大学生協連六〇周年の式典があり、配布になった冊子『全国大学生協連　六〇周年を越えてその先へ』の冒頭に、賀川豊彦が一九三五年に揮毫した「未来ハ我等のものな里」の書があった。

一九七八年当時に大学生協連の福武直会長は、この言葉へ以下のように触れた。

「近い将来を我等のものと安易に期待することが、その望みなさに憤慨し、無謀な運動を引き起こすのであり、我等の未来は遠くとも必然であるという不動の立場を固めることが、地道な不屈の努力を生み出すものである」

書は戦前で社会も大きく変化し今日との差は大きいが、先人の熱い想いのこもった言葉で、今に生きる生協人にとっても噛みしめるのに十分値する。

日本の大学生協は、世界の中でもあまり例がなく独自の発展をし、事業連帯や共済事業などにおいて、地域生協にも少なからず貢献してきた。その六〇年の歴史をふまえ、大学生協や生協全体の在り方も考えてみたい。

大学生協とは

歴史と概要は以下である。

一八九八年　同志社大で消費組合結成（最初の大学生協）
一九二七年　東京学生消費組合発足
一九四六年　東京大学、早稲田大学、慶応大学などで生協設立
一九四九年　ノートの共同仕入れ開始、東大生協『きけわだつみのこえ』発刊
一九七七年　第二〇回通常総会「学園に広く深く根ざした生協づくり」
一九七八年　福武直会長「会長所感」発表
一九八〇年　第二四回通常総会「大学生協の役割と当面の課題」提起
一九八一年　学生総合共済開始
二〇一八年　北海道・東北・東京・東海・関西北陸・九州の事業連合が合併し、大学生協事業連合を発足

二一五会員（二〇一八年一二月現在）：二〇六大学生協、二事業連合、六インターカレッジコープ、一連合会（大学生協共済連）会員組合員一五六万二三二四人（二〇一八年九月現在）、会員合計事業高一八一五億円（二〇一七年度）

大学生協の事業

学生・院生・留学生・教職員の協同で、学びのコミュニティとして大学の理念と目標の実現に協力し、高等教育の充実と研究の発展に貢献する自立した組織として、豊かな社会と文化の展開に貢献するため以下の事業をしている。

①食堂事業：学生の健康な体づくりに貢献するため食育活動に重点をおき、安全な食材を利用しやすい価格で、栄養バランスのとれ安心して食べられるように、旬の食材を使ったメニュー、企画メニュー、イベントなど常に話題性のある運営をしている。

②購買事業：勉学や研究になくてはならないパソコンとその関連商品、勉学生活の基本商品としての文具は、組合員の声をもとに開発した大学生協オリジナル商品を中心に品揃えしている。また飲料・菓子・パンなどといった、コンビニ商品にも力をいれた店舗も多くある。

③書籍事業：組合員の学ぶ意欲を支援し、大学の研究に不可欠な教科書・専門書・辞書をはじめ、外国語の学習に関する参考書や資格取得の問題集などを用意している。

④旅行サービス事業：海外語学研修、環境や平和など目的に合わせた海外旅行商品＝「テーマのある旅」を企画や手配して、学生の勉学や研究をサポートしている。

⑤共済事業：会員の組合員の入通院、手術、後遺障害、死亡、火災・風水害その他生活の共済を図る他に、大学生の健康状態や食生活習慣の定期的なチェック、交通事故防止や飲酒の危険性の周知などの予防活動をおこない、心身ともに健康的で充実した学生生活を支えている。

一九

八一年にスタートし、現在助け合いの輪は二一二大学生協の約七三・六万人まで広がり、二〇一八年度は二四三名に二四二六万円の共済金を給付した。

⑥生協活動への参加：ひとことカードやアンケート・懇談会、学生・院生・留学生・教職員の階層別委員会、日常的な理事会や総会・総代会の機関会議など、さまざまな形態や場面での組合員の参加により、その意見や要望を運営に反映している。全国には二三七委員会で約一万二千人の学生委員が、組合員の生活改善や向上、および豊かな学園生活の実現のために、理事会で提起された事項を軸に組織として活動している。

⑦社会とのかかわり：東日本大震災の復興支援活動や、CO_2削減の環境活動など社会的課題に取り組む学生をサポートし、国際的な学生交流や協同組合交流やユニセフ活動などへも協力している。

大学と協力しあう大学生協

六〇周年の式典では、全国大学生協連古田元夫会長より、以下の主旨の挨拶がまずあった。

六〇年の歴史で大学生協の活動は、第一に大学との関係をどう作っていくのかで、一九七〇年代後半に大学生協は大学と闘争する存在でなく、協力しあって大学コミュニティを支える存在であると方針を大きく変更し、大学生協は学生だけでなく教職員を含めた大学構成員全体の組織であり、自主的な経済団体だとした。第二に個々の大学にある生協の間の連帯をどう構築していくのかで、一九七〇年代初頭に東京事業連合を発足させ、個々の会員生協で実現できない組合員の期待に応えた。出発時は四つの会員生協がこの事業連合に商品、マーケティング、物流、経理、職員教育などのさまざまな事業を委託し、やがて一九八〇年代に各地に事業連合ができ、二〇一六年には全国に七事業連合があり、日本を網羅する体制ができていた。二〇一八年には、六事業連合が合併し大学生協事業連合が発足した。第三に国際活動の強化で、学生中心の生協の国際的普及をめざし、国際協同組合同盟（ＩＣＡ）のアジア・太平洋地域の組織ＩＣＡ－ＡＰ内に、大学キャンパスコープ委員会の設置を主導し、韓国にも学生中心の大学生協が生まれ、学生中心の生協の国際的広がりが進みつつある。

学生が生活協同組合に触れ理解する場

日本生協連本田英一会長より、次のような概要の祝辞があった

大学生協はこれまで、在校生、教職員、生協役職員が力を合わせ、「一人ひとりの声」と「人と人とのつながり」を大切に、さまざまな体験活動や年間を通した活動などで、組合員にとって魅力ある大学生協へと価値を高めてきた。日本における大学生協の存在と活動は、若者たちが学生時代に生活協同組合にふれ理解する重要な機会となっている。

　より多くの組合員の参加を協同の原動力に、組合員のよりよい大学生活へつなげていくことを目指し、平和活動や地域社会に関わる取り組みは、ＳＤＧｓ《エスディージーズ》がめざす持続可能な社会づくりにも通じ

る。また、学生総合共済と日本コープ共済連との共同引受を二〇二一年から予定し、共済における大学生協と他の生協との連携を進める契機になる。

式典では、大学生協の過去と現在をふりかえり、これからの価値を問うパネルディスカッションもあれば、大学生協の歴史や現状について分かりやすく紹介する二一分の映像もあった。なおこの動画は、大学生協連のホームページにある大学生協六〇周年記念特設サイトで見ることができる。

課題を考える

私は一九七〇年に東大生協へ就職し、その後に東京事業連合を経て大学生協連で一九九二年まで働いたこともあり、発展した大学生協の現状をそれは嬉しく見ることができた。

式典で配布となった冊子によれば、二〇一二年から二〇一九年を第七期とし、「事業連帯の強化と革新をめざして」をテーマにしている。ぜひその方向で引き続き大学生協が発展してほしいものだが、生協全体を視野に私なりに課題を考えてみた。

第一に、大学を含めた生協運動や事業の理論化である。事業連帯や経営はあくまで手段であり、目的は別にある。厳しい経営の中では、ややもすると手段と目的が逆転することもある。生協法が求めるのは、国民の生活の安定だけでなく生活文化の向上もあり、事業と運動のかねあいや、地域性を大切にした連帯の今後もふまえ、生協の在り方を理論化し地域生協へも普遍化させてほしい。

第二に、大学生協と地域生協や医療福祉生協などとの連携で、地域社会に生協としてどう役割発揮をしていくかである。そこでは生協の枠内にとどまらず、行政、企業、市民団体、市民との協力も含め関わり方が課題となる。

第三に、生協人としての哲学をどう確立するかである。

厳しい経営で役職員の時間的余裕が大学生協でも減少しているが、よりアカデミックな光を全生協に投げかけてほしい。

⑨地域社会に向き合って七〇年

千葉県生協連　二〇一九年一一月号

千葉県生協連のあゆみ

千葉県生活協同組合連合会（千葉県生協連）は、県内の生協が集まって消費生活協同組合法が制定された翌年の一九四九年に創立し、今年で七〇周年を迎える。現在は地域生協四（コープみらい・生活クラブ千葉・なのはな・パルシステム千葉）・職域生協一（千葉県庁）・大学生協三（千葉大学・千葉商科大学・東邦大学）・学校生協一・住宅生協一、共済生協一、高齢者生協一の一二生協と、準会員二生協（東都生協・常総生協）で構成している。

会員生協の組合員による活動支援や事業基盤の安定強化を目的に、千葉県の関係部局とも連携をはかりつつさまざまな活動をしている。

千葉県における生協の歴史は長く、一九三九年に日軽金船橋生協が誕生し、戦後は食料などの生活物資を確保するため町内会単位で四〇以上もの生協ができた。そうした中で野田醤油生協が中心となり、一九四九年に二五の生協が参加して県連は発足した。

一九七〇年代にスタートした生協を含め地域生協は、八〇年代にかけ急成長し、それに伴って県連も活動を活発化させていった。消費者団体千葉連絡会による千葉県消費者大会が一九七六年に開始となり、一九八四年に農協と連携した協同組合の研究会は、今年三〇回の県協同組合まつり「海と大地とくらしの祭典」へと続いている。

千葉県協同組合フェスティバル（2019年）

食の安心・安全は引き続き大切な課題であり、二〇〇四年から県連の取り組みが役立ち、二〇〇六年には千葉県食の安全安心条例が制定となった。

こうした食に関わる活動だけでなく、高齢者や子どもも大切にすることが進み、二〇〇七年には「こども一一〇番」や、二〇一〇年代になって子ども食堂の支援などへも広がり、二〇一七年にはフードバンクちばと連携してきた。

二〇一九年三月現在で、県内地域生協の組合員数は一〇八万人で供給高一三一七億円となり、世帯数の四二％を組織するまでになって、県民の食を中心とした日常生活を大きく支える役割を担っている。

生協が食品ロスの削減と困窮者支援

二〇一九年九月に、フードバンクちばと千葉県内の生協の協力で、食品を回収するフードドライブキャンペーンのキックオフがあった。二〇一七年より続けている活動で、参加している生協は、コープみらい・生活クラブ千葉・なのはな・パルシステム千葉・千葉県庁・千葉県連である。

共同主催者を代表し、県連の上山精一専務から次のような挨拶があった。

日本では年間六二一万トンの食品ロスが発生し、その約半分は家庭から出るものと言われている。一方で、少子高齢化や子どもの貧困の拡大などが社会問題化する中で、千葉県でも生活に困窮する人が増え続けている。県内の生協とフードバンクちばが連携し、食品ロスや貧困の問題を多くの方に知っていただき、食のセーフティーネットづくりを進めていく。

その後に七団体の各代表が決意表明し、舞台中央の食品ボックスに持参した食品を入れた。なおこの集会には一〇八人が参加し、この日に集まった食品は四六キログラムもあった。

各生協の取り組みである。コープみらい千葉エリアでは、食品ロスや貧困の解決を目指し、店舗に食品回収ボックスを設置してフードドライブを実施している。期間中は、組合員が参加する会やイベント時に、参加者へフードドライブの協力を呼びかける。

生活クラブ千葉は、多様な生活支援を通じた社会的包摂の取り組みとし、二〇一五年度より配送センターと店舗で、組合員からの食品回収の時期を決めて実施している。

なのはなは、全組合員を対象にフードドライブを実施し、配達時に食品を直接回収する。

パルシステム千葉は、生協まつりと各センターで配送便による食品の回収をし、店舗にフードドライブのコーナーを常設している。

千葉県庁生協では、店舗に食品回収ボックスを設置し、組合員にフードドライブの取り組みを呼びかけている。

千葉県高齢者生協は、県内の施設に食品回収ボックスを設置してフードドライブを実施している。

千葉県生協連では、持続可能な社会づくりにむけ県内生協が協働しフードドライブに取り組むようにすすめている。

ホームレスの命と尊厳を守り

続いて「絆をつなぎ、無縁社会をつくらないガンバの会の活動」として、ＮＰＯ生活困窮・ホームレス支援ガンバの会副田《そえだ》一朗理事長の講演があった。市川市にあるガンバの会は、路上生活せざるを得ないホームレスの命と尊厳を守り、自立支援のため一九九七年に結成し、フードドライブで集めた食品を活用している団体の一つである。二〇一九年五月現在で理事七名、職員九名、正会員一八六名、賛助会員六六名で運営し、副田さんは元牧師である。なおホームレスとは、単に住居がないハウスレスだけでなく、相談できる相手のいない人たちを意味している。

かつて二五〇人いた市川の路上生活者は、今は約四〇人で、他にもネットカフェ難民・住み込み従事者・刑務所を出た人・アパート維持困難者・ＤＶ被害者等の相談や支援をしている。

具体的な事業は以下である。

①路上生活支援：おにぎりなどの食料物資、衣類、医薬品を持って夜間パトロールをし、各自の健康状態に気を配り、衣類や薬品を提供する。

②生きがい支援：アパートで孤独にならないため定期訪問をし、交流会や一泊の懇親旅行やサロンの運営をし、人との出会いや生きがいづくりをする。

③生活困窮者相談：生活困窮相談を受けて各問題への対応を考え、早期の自立を共に目指す。

④居宅支援：生活困窮者がアパートへ入居できるように、シェルター、自立支援住宅や貸付金制度の運営、入居の際の不動産の紹介、什器の買出し、保証人提供や契約手続を支援している。独居生活が難しくなった居宅者のために、「きなりの街すわだ」を二〇一四年にオープンした。

⑤葬祭開催・墓地運営：最期を見送り、葬儀や追悼会をする。無縁仏にさせず、アパートの入居者に希望を持ってもらうため「なかま」と刻んだ墓地を設立した。

⑥その他：路上生活者に限らず、生活困窮者や不安定な居住者からの相談に対応する就労支援、ホームレス巡回指導及び自立支援相談、法務省更生緊急保護事業、訪問介護、会報誌による広報・啓発、二〇一一年に夢塾を開始し子どもの教育支援などもある。

フードバンクちばの設立当初から食品の提供をガンバの会は受け、路上生活者や生活困窮者や不安定居住者への配布もあれば、困窮家庭の子どもたちへのおやつなどでも活用し喜ばれている。

こうした話の最後に副田さんは、多くの支援者から「ありがとう」や感謝の言葉があったとして、「ありがとう」は社会的孤立を脱した証でもあり、これからもより格差が拡大する日本社会においていて、どこにおいてもさらに大切になっていくとまとめた。

千葉のフードドライブ

フードバンクちばの菊池謙代表からの話である。

二〇一二年設立のフードバンクちばは、毎年三回県内約一〇〇ヵ所で、家庭や団体で余っている食品を寄贈して集めるフードドライブを実施し、食品ロスの削減と困窮者支援に取り組んできた。一回で一〇〜二〇トンの食品を集めているが、一方で食べ物に困り食品援助の要請は増え続け、二〇一八年度の年間支援は二五三四件もあり常に食品は不足している。

賞味期限が残っているにもかかわらず、包装の破損や流通の都合等で大量の食品が廃棄されている。こうした食品を団体や個人からもらい、必要な福祉施設や生活困窮者に無償で提供するフードバンク活動は意義がある。不況で失業し生活保護等を利用する人が県内でも増え、失業者・不安定就労者・生活保護受給者などへの支援手段としてフードバンクを位置づけ、また失業者等が自ら活動に参加し生活を安定させることにもつなげたい。

フードバンクちばの話の後で、食品の支援を受けているキタナラ子ども食堂・いちはら生活相談サポートセンター・船橋市保健と福祉の総合窓口さーくるの各担当者から、有効に利用させてもらって感謝している報告があった。

集会の後で参加した四一名は、近くのＪＲ千葉駅前の二ヵ所に立ち、フードバンクのチラシを入れたポケットティッシュの配布や、活動への募金を呼びかけ市民の関心を広げていた。

九月に千葉県を襲った台風一五号は、暴風雨によって家屋の損傷や停電や断水などを各地でおこし、市民生活にも大きな支障をきたした。また多数のビニールハウスを破壊し、稲の刈り取りの遅れなど、生協産直の農作物にも悪影響を及ぼしている。

国民の生活の安定と生活文化の向上が目的の生協にとって、千葉県においてもますますその役割発揮が求められている。

⑩コンビニ業態への挑戦

みやぎ生協　二〇一八年四月号

生協の店舗事業の歴史は、多くが売り場面積約五〇坪の小規模店から一九七〇年前後にスタートし、進んだ小売業やペガサス理論などに学びつつ、四五〇坪以上の大型店にシフトさせながら組合員の食を守ってきた。背景には食事が多様化して組合員の求める食品の種類や質が高まり、それに応えるため広い売り場面積が必要になってきたことがある。

他方で、大型店だけでは対応できない過疎地なども数多く存在する。もちろん宅配事業を利用することもできるが、限定された品数で週一回の配達であり、必要なときに目で確認して自由に購入できる店舗の魅力は大きい。

そこですでに県民世帯の七四％を組織し、四九店舗を展開しているみやぎ生協では、地域の条件に応じてコンビニ店の導入を決め、すでに二店舗を経営している。

一号店は、二〇一七年四月に県の最南西部の山間地にあり、過疎と高齢化が進む刈田郡七ヶ宿町に開店した、二四時間営業の「ファミリーマート＋ＣＯＯＰ七ヶ宿店」である。安心して暮らせる地域づくりに向け、二〇一六年五月に締結した包括連携協定に基づき、みやぎ生協の子会社コープコンビニエンスを通して（株）ファミリーマートのフランチャイジーとなり、町の整備した「なないろひろば」に出店した。町内にそれまで食品店はなく、六四七世帯で人口一四九四人の暮らしの拠点として、日常の買い物に便利な新しい店舗をめざしている。八三坪の売場面積に通常のファミリーマートの商品とサービスの他に、生協の青果・鮮魚・精肉・惣菜の生鮮品やめぐみ野商品約五〇〇アイテムと、コープ商品約七〇〇アイテムも並べ、生協のメンバー（組合員）加入もできる。レジカウンター前には、家庭の昼食や夕食用に店内調理した揚げ物などを販売する専用売場を設置し、イートイン・コーナーを二二席構え、休憩できる快適な空間で住民が集うコミュニケーションストアを目指している。また駐車場に町営バスの停留所とリサイクルステーションを設置し、コインランドリーも併設して日常の買い物が便利な店舗としている。

二号店を訪ねて

一月末のある寒い日に私は、前年の一二月に仙台市宮城野区鶴ヶ谷団地内へ出店した、コンビニの二号店「ファミリーマート＋ＣＯＯＰ鶴ヶ谷店」を訪ねた。この地域の一次商圏は、約七五〇〇世帯に人口一万六〇〇〇人が生活している大きな団地で、人口減少や高齢化が進む中でコミュニティーや生活を支える商業や賑わいをはかっている。店からの半径八〇〇メートル圏内には、幼稚園・小学校・中学校・高等学校の他に、病院や福祉施設などがあり、南北に貫く東仙台泉線はバイパス四号線に繋がり、店舗前の交通量は一日約一万四〇〇〇台と多く、他のエリアからも人が集まりやすい場所である。二〇一五年四月に開店した売場面積五九六坪の鶴ヶ谷店は、二五〇メートル離れた位置にある。

店舗面積が七七坪で売場面積六二坪の「ファミリーマート＋ＣＯＯＰ鶴ヶ谷店」は、入口の上に「ＦａｍｉｌｙＭａｒｔ＋ＣＯＯＰ」の看板があり、外形や青と緑の配色からして、どこにでもあるファミリーマートと同じである。

約束の時間にコンビニ店内のイートイン・コーナーで、コープ東北サンネット事業連合執行役員の山岸正治開発本部長、同開発本部店舗開発部の尾形勝部長と菊地良久統括に会って、いろいろと関連する貴重な話を聞かせてもらった。

「ファミリーマート＋ＣＯＯＰ鶴ヶ谷店」の役割

もらった資料には、スローガンとして「お店に行くと楽しい！　話しかけてくれるから。昔ながらの町の商店のように、〝ふれあい〟を感じられるお店にします」とあり、以下のような方針があった。

「地域の暮らしに役立ち、日常の買い物・便利のある地域づくりに貢献します。即食に特化した惣菜・ベーカリー売場を新しく配置し、すぐ食べられる商品やランチ関連の商品を揃え、お買い物が楽しくなる、新しいコンビニエンス・ストアをめざしています。また、鶴ヶ谷団地・西山地区には、いままでコンビニエンス・ストアがないエリアでしたので、日常のお買い物・お友達同士で集えるコミュニティーのある店舗として皆さまの期待に応えます。

二四時間営業のコンビニエンス・ストアとして、ＳＭの営業時間外の対応やコンビニならではのサービス機能の提供を通して地域の生活を支えます」

近くにある鶴ヶ谷店の営業時間は九時三〇分から二一時三〇分（日祝日九時～二一時三〇分）であり、それ以外の時間の利用者に対応し、朝の出勤前や遅い帰りの人など新たな層の掘り起しをするため以下の特徴を備えている。

①売場面積六二坪は、生協が一二坪（構成比二〇％）で三〇〇アイテムを品揃えし、ファミリーマートは四八坪（構成比八〇％）で二五〇〇品目あり、計二八〇〇アイテムを配置する。
②売り場のレイアウトは、果物の季節商品・生鮮や日配品の素材商品・惣菜やベーカリーの即食・簡便商品などのゾーンを明確にし、客が探し買い易い売場を提供する。
③ファミリーマートの品揃えとサービスの提供に加え、生協の青果・鮮魚・精肉の生鮮品とコープ商品・惣菜・ベーカリーを品揃えし、付加価値のある店舗を目指す。
④レジカウンター前に、家庭の昼食や夕食のおかずとしても利用できるように、店内で調理した揚げ物などを販売する専用売場を設置する。
⑤店内での購入品をすぐ食べることのできるイートイン・コーナーを二〇席用意し、無料ＷＩＦＩやコンセントも備え気軽に休憩できる快適な空間として、買い物と一緒に友達同士で集うことのできる店舗を目指す。

コンビニといっても生鮮品を入れるなど、かなり生協として独自の工夫を加えている。

店内に入ってまず目を引くのは、レジ前にある野菜・果物・水産・畜産の生鮮品の各冷蔵ケースで、普通のコンビニにはない商品展開である。小量パックになったマグロ・サーモン・たこなどの刺身や、豚・チキンなどの精肉もあれば、キャベツ・白菜・大根・かぼちゃなどは半分や四分の一にカットして並べてあり、そこだけを見ればまるでスーパーの棚である。

またレジ前の奥のコーナーには、惣菜バイキングとしてスープとカレーのバーがある。ライスの保温釜の横には、カレーと豚汁とコーンスープのポットが配置してあり、利用者はテーブルの下に置いてある使い捨て容器に入れる。料金はライス一〇〇円、カレー三〇〇円、豚汁とコーンスープがそれぞれ一〇〇円であった。熱いコーンスープを購入して飲むと、濃厚でかつまろやかな味によって冷えた体を芯から温めることができた。ここの商品は二四時まで販売している。

このコーナーには他に、エビフライ・ハンバーグ・コロッケ・カツなど惣菜のバラ売りと、焼きそば・煮物・スパゲティー・伊達巻卵など惣菜の量り売りも並び、レジ回りにあるファミリーマートの加熱惣菜などと組み合わせれば、昼食や夕食のおかずとしてもすぐに利用できる。なおインストアの生協の揚げ物を強化するため、フライヤーを基準の台数より増設していた。

焼きたてのベーカリーは、近くの鶴ヶ谷店「アン・ジュール」から短時間に運んで高い品質を維持しているし、ファミリーマートの弁当やおにぎりの横には、生協の生寿司を展開して相乗効果をあげている。

ＣＯＯＰの食品を含めてコンビニでは扱っていない冷凍の弁当商材や簡便商品を、リーチインタイプのショーケース三本を使って展開し、仕事帰りの母親や単身者などに好評である。

同じ敷地内には、らーめん幸楽園・回転寿司の魚べい・郵便局もあり、駐車場はコンビニ店舗前の二八台を含め九六台であり車の利用者も便利である。なお職員は、店長・副店長（嘱託）と店内スタッフ（アルバイト）で運営している。

ファミリーマート＋COOP鶴ヶ谷店

コンビニ業界第二位のファミリィーマートの充実したシステムを使って工夫し、みやぎ生協は多様な組合員の要望に応えるため新しいコンビニ業態へとチャレンジをはじめている。導入に関わった三人は、「大変だがやりがいのある仕事」と話していたのが印象的であった。過疎地と住宅密集地でそれぞれ出店して順調に推移し、当面は五店舗での展開をめざしている。新しい協同のスタイルでもあり、今後の拡がりに期待したい。

第2章　復興支援

この一〇年間での最大の出来事は、やはり二〇一一年三月一一日の東日本大震災であり、連載でも一番本数が多かった。協同を大切にした復興支援に関連して、私は以下の単行本七冊に詳しく書かせてもらったこともあり、内容が重複することは除きそれ以外で構成した。

①『悲しみを乗りこえて共に歩もう――協同の力で宮城の復興を』合同出版　二〇一二年
②『被災地につなげる笑顔――協同の力で岩手の復興を』日本生協連出版部　二〇一二年
③『3・11　忘れない、伝える、続ける、つなげる――協同の力で避難者の支援を』日本生協連出版部　二〇一三年
④『福島の子ども保養――協同の力で避難した親子に笑顔を』合同出版　二〇一四年
⑤『宮城・食の復興――つくる、食べる、ずっとつながる』生活文化社　二〇一四年
⑥『協同の力でいのち輝け――医療生協◎復興支援@地域まるごと健康づくり』合同出版　二〇一五年
⑦『愛とヒューマンのコンサート――音楽でつながる人びとの物語』合同出版　二〇一六年

地震大国の日本においては、他の地域でもいつ災害に見舞われても不思議ではなく、これまでの被災地における取り組みを他人事とせず、ぜひ我が事に引き付けそれぞれの地域や生協で活用してほしいものだ。

①阪神・淡路大震災から二〇年

コープこうべ、日本生協連　二〇一五年三月号

一九九五年一月一七日の朝、テレビで見たニュースは、黒い煙が幾筋も高く空に舞い上がり、一瞬どこかの戦場と思ったが、神戸市における大震災とわかり私は驚いた。

『コープこうべのあゆみ　阪神・淡路大震災（前篇）』には、以下のように被害を紹介している。「メイト、アルバイトも含めて一一人の職員が死亡。家族を亡くした職員、住居を失った職員も少なくなかった。またコープこうべの心臓部ともいうべき本部が横倒しになって倒壊し、宿直していた警備員一人が帰らぬ人となった。

店舗や協同購入センターの施設は、一二ヵ所が全壊して半壊や損傷も含め、最終的には五〇〇億円を超す甚大な被害が発生した。これは当時の出資金三六四億円を大幅に上回り、途方もない損害金額であった。わずか二〇数秒間の揺れを境に、コープこうべは重大な危機にひんしたのである」

この震災からコープこうべは多くの教訓を学び、それは全国の生協にも伝わり、二〇〇四年の新潟県中越地震や二〇一五年の東日本大震災における生協の取り組みにもつながった。

二〇一五年一月一六、一七日に神戸国際会議場で、二〇一四年度「つながろうＣＯ・ＯＰアク

ション交流会」の一環として、「阪神・淡路大震災から二〇年　東日本大震災から四年〜みんなでつくるこれからの地域とくらし〜」を、日本生協連とコープこうべが開催した。

ここでのテーマとねらいは下記である。

①日本大震災から丸三年経ったが、復興に向けた取り組みは遅れており、被災地だけでなく全国的にも少子化・高齢化などに伴う地域の大きな変化から、様々なくらしの課題が私たちに突き付けられている。これらの課題にどう対応していくのか、阪神・淡路大震災から二〇年たった神戸の取り組みをもとに考える。

②特に、生協と社会福祉協議会やNPOなどが連携した地域社会づくりの取り組み、今後の課題とこれから求められる視点などについて学ぶ。そして、今後の被災地復興支援と地域社会づくりのために、生協はどのようにネットワークを広げて役割を発揮するのかについて、共に考え交流する。

阪神・淡路大震災二〇年のつどい

一六日の集会前にコープこうべが主催し、一二時三〇分から「阪神・淡路大震災二〇年のつどい」が開催となり、震災の犠牲者を追悼し、二〇年が経過した今の決意を新たにした。震災経験継承プロジェクトの映像、メンバーの誓いの言葉の他に、犠牲者への黙祷の後で、若手五人の職員が話し合って誓いの言葉を各自がまとめ、「これで終わりではありません。もっと語り合いましょう」

と呼びかけた。

つながろうCO・OPアクション交流会

一三時二〇分から開会あいさつに浅田克己日本生協連会長が立ち、一三時三〇分からはビデオ「阪神・淡路大震災から東日本大震災」を上映し、職員や組合員はその時何を考えどう行動したのか振り返った。

交流会の第一部では、「阪神・淡路大震災から二〇年　東日本大震災から四年～みんなでつくるこれからの地域とくらし」をテーマに、みやぎ生協の齋藤昭子顧問、神戸学院大学の藤井博志教授、コープこうべの山口一史理事長が、下記の趣旨で鼎談《ていだん》をした。

「大きな災害が起きると、地域社会に潜んでいたさまざまな課題が表に現れる。阪神・淡路大震災も中越地震も能登半島地震も、そして東日本大震災でも日本社会のひずみが一挙に明るみに出た。阪神・淡路大震災の経験と、東日本大震災の今日とを交流し、対比しながらより良い復興を探っていく。災害からの復興は、被災者一人ひとりのくらしの復興や生活の再建でなければならない。一人ひとりに着目し、その人のくらしを支えていくことは、生協が最も得意とする分野だ。ここでは最終的にそこにフォーカスする」

会場からは岩手や福島の各生協理事事が、被災地の現状報告をした。これらを受けて、①住宅とコミュニティ、②仕事、③地域福祉の担い手、④ボランティア、⑤協同組合の役割について三人は意見交換し、大災害を経て顕在化した地域の課題と、その解決に向けて生協の果たす役割について話し合った。

特に⑤では全国の生協が、協同組合の枠をこえ地域全体に視点を当て、暮らしの復興をすすめて一人ひとりの生活を見つめ、日頃から取り組むことを強調していた。

一五時五分からの定員五〇人による各分科会は、以下のテーマで開いた。

①これからの東日本大震災復興支援を考える

②災害から見えてきた課題・高齢化への対応

③地域との共生、協働の取り組み（1）平時のネットワーク

④地域との共生、協働の取り組み（2）災害時のネットワーク

⑤NPOとのネットワークから学ぶ自立支援と協同組合の価値

⑥体験企画としてフリー参加型の企画で、阪神・淡路大震災の体験談映像をもとにしたコープこうべによる震災体験継承ワークショップ、ジレンマ場面で学ぶ災害対応カードゲームの体験による減災防災の取り組みクロスロード、全国の取り組み紹介・展示・虹のボードなど展示コーナーがあった。その片隅で私は、これまでに出版させてもらった復興支援の単行本五冊（『悲しみを乗りこえて共に歩もう』『被災地につなげる笑顔』『3・11　忘れない、伝える、続ける、つなげる』『福島の子ども保養』『宮城　食の復興』を展示させてもらった。

一六時五〇分から全体会に戻り、各分科会報告の後で山口一史理事長がまとめをし、最後にこれ

からも全国の生協の仲間が協力し、東北への復興支援の継続を確認した。

一七時一〇分からは終わりのあいさつを、コープこうべ組合長理事本田英一さんがした。

一七時三〇分から一九時は懇親会で、ミニコンサートもあり楽しく交流することができたし、また会場の一角では、被災地の手づくり品や復興商品の展示販売などが昼からに続きおこなわれていた。

全国の生協組合員と役職員や、コープこうべの組合員と役職員の計四二六人が集い、復興支援をより強め、地域社会の諸課題に向け生協にできることをより考える場となった。

オプションツアー

一月一七日は、まだ暗い早朝の五時に三宮のホテルを出た私は、神戸市役所横にある東遊園地での「阪神・淡路大震災一・一七のつどい～追悼式典」に参加した。会場近くでは、ボランティアが使い捨てのカイロを配り、手袋とマフラーをしても寒くてありがたく使用した。

五時半頃に公園へ着いたが、たくさんの人で何がどこにあるか分からない。人の流れに沿って歩いていると、テントでローソクを配っていたので手にし、公園の中央に置いてある竹筒の前へと進む。孟宗竹に水を入れ、その上へ容器に収まった小さなローソクを浮かべ、消えている芯に手のローソクで火を点けた。震災の発生した五時四六分となり、合図とともに黙とうした。

使ったローソクを戻すと、横にシンサイミライノハナ・プロジェクトのテントがあった。細長い三角形の黄色い紙にメッセージを書き、その五枚を組み合わせ花のオブジェとし、公園の周囲などに飾ってある。私は、「協同による復興を」と書かせてもらった。

他のテントでは、ボランティアが粕汁を配っていたのでもらい、つま先から冷え切っていた体に温かい粕汁は何よりの御馳走であった。

七時頃にホテルへ戻り、朝食をとってから荷物を持って九時前にポートライナー三宮駅前に出かけ、震災モニュメントウォークに参加し、七〇人ほどと一緒に午前中は、コープこうべの職員や組合員ボランティアによる案内で散策した。

再び東遊園地へと足を運び、明るくなった公園で、震災発生時で止まった時計を持つマリーナ像、奪われた全ての命と生き残った私たちの思いをつなぐ「一・一七希望の灯り」、そして犠牲者の氏名を全て刻んだ「慰霊と復興のモニュメント」にも手を合わせてまわった。

その後に一行は、震災時に破壊した国道二号線の一部、避難者用のトイレなどを備えた神戸震災復興記念公園、こうべ市民福祉交流センター、賀川豊彦生誕一〇〇年記念碑などを見て、人と防災未来センターまで歩き解散した。重いリュックサックを背負っての半日の歩行はそれなりに疲れたが、神戸の二〇年前と今を肌で感じる貴重な時間となった。

なおこの日の午後には、医療生協と大学生協が、それぞれ別の会場で震災から二〇年を振り返る集会を開いた。

②避難者をひとりぼっちにさせない

生活クラブ生協連合会、
パルシステム連合会、
コープ自然派、他

二〇一六年七月号

東日本大震災から丸五年が過ぎ、自主避難者へ避難先住宅の退去通告がされるなど、被災者をめぐる新たな問題も発生している。

そこで六月四日の午後に東京都板橋区において、「守ろう、避難の権利　住宅支援打ち切りを許さない！　原発事故被害者の救済を求める全国運動東京集会」が開催となった。呼び掛け文では、「復興のかけ声のもと、健康リスクと住民の意思を無視した帰還が促進され、放射能安全キャンペーンのもとに、避難者の切り捨てと健康被害を把握させない政策が進んでいます。国による避難者の住宅支援打ち切りを撤回させ、避難者の生きる権利を守りましょう！」とあり、約二〇〇人が集まった。

集会を主催する「原発事故被害者の救済を求める全国運動実行委員会」には、呼びかけ人として石田敦史／パルシステム生活協同組合連合会理事長、加藤好一／生活クラブ事業連合生活協同組合連合会会長が名を連ね、構成団体にはコープ自然派脱原発ネットワーク、生活クラブ事業連合生協連、パルシステム生協連、そして賛同団体には、あいコープみやぎ、コープ自然派京都、コープ自然派しこく、コープ自然派・奈良、コープ自然派兵庫、コープ自然派ピュア大阪、コープ自然派和歌山、生協パルシステム千葉、生協パルシステム東京があった。

「チェルノブイリ法」～原発事故後五年後の約束～

ユーラシア環境・社会政策調査室の研究者尾松亮《りょう》さんにより、「チェルノブイリ法～原発事故後五年後の約束～」の特別報告があった。貴重な内容であり、当日の報告に本人の著書である東洋書店新社の『3・11とチェルノブイリ法』と、共著『原発事故　国家はどう責任を負ったか』などを付加して以下にまとめた。

チェルノブイリ法ができたのは、事故から五年後の一九九一年で、当時のソビエト連邦を構成した共和国のウクライナとベラルーシがまず制定し、少し遅れてロシアも作った。基本的な内容は同じで、事故の被災者を日本のように企業でなく国の責任において保護するもので、一九八六年の事故直後、半径三〇キロメートル圏内で強制避難をしたが、それ以外にも放射性物質は飛散し、汚染状況を示した地図が一九八九年に公開され、汚染を知った人々が私たちも補償せよと声を上げたのがきっかけである。多量の被曝した事故の収束作業者にも補償は不十分だったので、被災者や収束作業者やその遺族などがチェルノブイリ同盟をつくり、権利擁護を求める運動を始めた。ソ連で初めて民主化された選挙が行われ、被災地住民や作業員らを代表する議員が当選し、法律を作る大きな流れができた。

年間に一ミリシーベルトを超える地域を被災地と決め、実際は土壌汚染の濃度で定めている。この基準は、ＩＣＲＰ（国際放射線防護委員会）が平常時の公衆の被曝限度について、年一ミリシーベルトと勧告したのを無視できなかったことによる。年間で二〇ミリシーベルトを下回れば、住民を強引に帰しつつある日本と大きく異なる。ちなみに旧ソ連の事故直後の避難基準は、年一〇〇ミリシーベルトだったが、三〇や二五ミリシーベルトと順に下げ、緊急時の対応を続けず平常時のルールに戻そうと、年一ミリシーベルトで決着した。

日本政府も除染などにより長期的に一ミリシーベルトにする目標を掲げているが、期日を明示しないので実効性は乏しい。

法に基づく支援策で一番大事なのは健康診断で、一〜二年に一度など定期的に、対象の人々すべてが生涯にわたり、健康診断を無料で受けることができ、さらには医薬品の無料支給や、一部補助や非汚染地域において一定期間療養する費用の全額もしくは一部が補助されている。

避難先では被災者を公営住宅に優先入居させるなど、仮設住宅ではなく恒久住宅で国が住宅確保にも責任を持ち、職探しも支援した。ただ、職場がなかなか見つからず、求職期間中は平均月額給与に見合った給付金を払うことが多かった。

チェルノブイリ法で避難者は三グループあり、まず半径三〇キロメートル圏の強制避難者や、年五ミリシーベルトを超える地域も移住が義務づけられた。そして年一ミリシーベルトを超える地域の人々は、避難の権利が認められ、直訳すれば「保証された自主的移住者」となる。被曝線量が年一ミリシーベルト以上であれば、避難する選択肢が与えられ、一定の状況を満たせば恒久住宅が与えられたり、雇用支援がされたりした。日本では、避難指示を受けて避難した人か、避難指示がなく避難した人かの二つに分けられ、後者には国が保護する姿勢はない。

チェルノブイリ法は、国家が責任をもって被災者を保護するもので、原発が国営だったからではなく、広い地域が汚染されたからである。大勢が避難を余儀なくされており、長期的に被災者を保護する責任は国家にあると明確に定め、日本政府が言う社会的責任とのあいまいな言葉ではない。

日本では、二〇一七年三月末で自主避難者への住宅の無償提供が打ち切られ、多くの避難者が望まない帰還を求められる状況になる。その点でチェルノブイリ法は、当時のソ連が何もしてくれないので、一地方議会だったウクライナなどの議会が、自主的に法律を策定して自らを守ろうとした。日本でも、原発事故の避難者がいる地方自治体の議会が、その地に避難せざるをえなかった人々の権利をどう保障するのかが重要である。

避難者の状況

「早期帰還政策と住宅支援の打ち切り／検診拡大の必要性」については、FoE Japanの満田夏花さんから報告があった。福島県の避難者は、二〇一六年三月現在で県内外に九万七三三三人いるが、行政は数の減少を復興の指標にし、帰還促進政策を進め避難区域は強引に解除しつつある。二〇二〇年のオリンピックに向け、避難者ゼロにするため「人間なき復興」を進めていることを非難した。

武蔵野スマイルの岡田めぐみさんや京都の宇野朗子さんからは、避難している当事者からの報告として、避難者意向調査とこの間の政府や自治体交渉での経過と、住宅支援の無償継続などの声があった。

ＮＰＯ法人自立生活センターもやい理事長の大西連さんからは、住まいの権利獲得の為に活動している経験から、区域外避難者の住宅支援打ち切り撤回に向けた取り組みや、今日の内容を地元の三人に伝える提起があった。

パルシステム連合会の瀬戸大作さんが討論の進行役で、各地の状況などに触れつつ手際よくまとめていった。

原発事故被害者の救済を求める請願署名

同実行委員会は、健康に生きる権利を守り、賠償打ち切りと帰還の強要に反対するため、衆参議院議長や内閣総理大臣など宛てに、下記の被害者救済を求める全国運動の第三期請願署名に取り組んでいる。

「政府は住民の意思を無視し、強引な早期解除・帰還促進の政策を進めています。特に、住宅支援や賠償の打ち切りにより、避難者が貧困に陥《おちい》ることも懸念されます。

また、被ばくに関する悩みや健康に関する不安を語ることもできない悩みも伝わってきます。甲状腺検査などは、福島県外では一部の自治体しか行われていません。リスク・コミュニケーションの名で、放射能は安全とする神話が押し付けられています。

請願項目

原発事故避難者の無償住宅支援の継続を求めます。

住民の意向を無視した、早期の避難指示区域の解除と賠償の打ち切り方針の撤回を求めます。最低限、国際的な勧告に基づく公衆の被ばく限度である年一ミリシーベルトを満たすまで賠償や支援を継続すべきです。

福島県内外における健診の充実・拡大と医療費の減免を求めます。このため『原発事故子ども・被災者支援法』の具体化のための立法措置を求めます」

パルシステム生協連が最終集約先で、署名締切日は二〇一六年八月としている。全国で避難者は暮らし、生協を含めた市民団体の取り組みで、原発事故避難者の救済の進展が強く求められている。

③医療福祉生協ならではの被災地支援活動

医療福祉生協連　二〇一四年八月号

開催主旨

日本医療福祉生協連は、第四回総会の前日の二〇一四年六月五日に、都内で「医療福祉生協ならではの被災地支援活動継続の意義」と題したシンポジウムを開催し、五四医療福祉生協から九五名が参加した。地域生協と同様に、震災直後から支援活動を積極的に展開している医療福祉生協は、震災三年目の到達点を共有し、四年目以降も医療や介護などでの専門性を活かした支援の継続を掲げ、半日ではあったが熱気のあるシンポジウムであった。

シンポジウムの始まる前三〇分は、みやぎ県南医療生協と福島医療生協の復興支援を紹介したDVDを会場のスクリーンに映した。

医療福祉生協連の藤原高明会長理事が、開会あいさつをしてシンポジウムをスタートさせ、「開催趣旨と進め方」について、医療福祉生協連の松本弘道常務から以下の報告があった。

四年目を迎えた被災地では、生業の再生や生活再建は大幅に遅れ、自殺を含む震災関連死が続き、全国からの支援はますます求められている。

そこで医療福祉生協連としての四年目の支援活動は、①現地と寄り添い健康なまちづくりの回復支援、②被災地に寄り添う取り組み、③生活の視点、健康の視点での被災地の状況把握につとめ、支援活動に結び付ける、④核害地域の健康管理、⑤原発ゼロへの取り組み、⑥広域避難者に対する支援活動、⑦被災者の社会保障制度・「被災者支援法」の拡充を求める運動の強化、⑧災害に強いまちづくりを掲げている。

こうした諸課題を、参加者で深め確認することが今回のシンポジウムの趣旨であった。

医療福祉生協の支援の概要

実践報告では、「被災地でのまちづくり」と題して、かーちゃんの力・プロジェクト協議会の渡邊とみ子代表が、飯館村からの避難者を中心にし、福島大学の協力も得て郷土料理をベースにして展開している弁当作りなどの取り組みを紹介した。

続いては、「医療福祉生協の支援の概要とお礼」と題して、東日本大震災復興支援委員会の宮田育治委員長から次のような報告があった。なお宮田さんは、被災地の郡山医療生協の専務でもある。

これまで三年が経過した今回の大災害は、①被災地域が広範囲である、②巨大津波で破壊的被害、③原発災害の特徴があり、支援に制約や複雑さがある中で、被災地生協の奮闘や、他団体とも連携した全国的支援を一貫しておこなってきた。その結果、被災地の医療福祉生協は、全国の仲間の支援があったからこそ、つながりや連帯を体感でき踏ん張ることができた。

遠く離れた全国の仲間たちが、想像力を発揮したり被災地を視察し、自分たちにできることは何か、少しでも可能なことを実践した。このため被災地で活動する団体やボランティアが減少する中で、活動を継続している医療福祉生協は異彩を放っている。

こうした支援活動には、医療福祉生協のいのちの章典、健康づくり、まちづくりなどの経験が役立ち、医療福祉生協だからこそ、生活の視点で人と人の結びつきを大切にした健康な町への復興支援ができる。

そうした教訓点に触れた上で、具体的な支援活動の概況では宮城、岩手、福島に触れ、二〇一四年度の支援活動の骨子を報告した。

住民参加の支援活動を

続いて日野秀逸東北大学名誉教授から、「経済主導の復興策と住民参加の支援活動を」と題して以下のような問題提起があった。

東日本大震災で破壊された生活と日々の仕事である生業を、どのように再建し復興させるかがテーマであるが、政府の復興政策はそうなってなく、復興をめぐるいくつもの対抗軸がある。
①新自由主義⇕生存権保障の憲法路線、②外や上からの再建復興案策定⇕被災地・被災者の声を積み上げた策定、③地域の共同生活条件と連帯の破壊⇕地域の共同生活条件と連帯の再建、④東京

一極集中⇕地場産業育成・地域循環経済、⑤上からの国土再開発⇕被災地・被災者の生業と生活の再建・復興、⑥自治体構造改革⇕民主的自治体形成、⑦復興財源を大衆課税に求める路線⇕大企業・大金持ちに負担を求める路線、⑧外需頼み・TPP路線⇕食料自給率上昇・医療や介護ケアとエネルギーの自給へ、⑨社会保障構造改革⇕社会保障再建・拡充、⑩中央政府の責任免罪路線⇕中央政府の責任で再建・復興を実現する路線

憲法に立脚した復興が重要であり、その中でも被災者の住むことと暮らすことの住宅問題が焦点になる。

指定報告

次に被災地三生協と支援側二生協から五本の指定報告があった。

一、「原発震災から三年〜全国から支えられ、繋がり、踏み出す」：福島医療生協治田幸子看護部長
福島医療生協におけるわたり病院のポジショニングを、①放射線被災地における地域住民の健康増進に取り組み、検診活動・保険活動を支援する、②安心して暮らし続ける地域のために在宅医療・介護事業に取り組み、地域のネットワークの核となる、③健康増進活動、在宅医療介護を支える地域医療の拠点病院をめざすとし、二〇一三年度の三つの改革に沿って運営する。

二、「仮設住宅で続けた支援活動から見える被災地の願い　神戸〜岩手県大船渡」：ろっこう医療生協金丸正樹専務理事

一九九五年の阪神淡路大震災で、各診療所は全壊や半壊し、本部は全壊という被害を受けたろっこう医療生協は、今回の震災直後から岩手県大船渡と福島県への支援を決め実践してきた。支援で学んだこととして、一九九五年との相違は、規模や範囲、都市と地方、地震だけと地震＋津波＋原発事故、交通の便利性などがある。他方において強調したいのは、仮設住宅の非「住宅」性、高齢者へのしわ寄せ、人のつながりが決め手、日常の問題が震災で露出しているなどの類似性で、被災地の困難は普遍性がある。

被災地支援を続ける理由は、他人事ではなく、阪神淡路大震災のお返し、行ってはじめて分かる、他人事と思えない、自分たちの経験が役立てばなどである。こうして震災を過去化せず、客観化しない。地震は止んでも震災は今も続き、被災地支援は自らへの支援と位置付け、「早く、永く、深く」支援を継続するとしている。

三、「組合員と職員による山元町への継続的な生活支援」：香川医療生協吉尾達喜事務職員

自立に向け住民の目線で寄り添うことを大切に香川医療生協は、宮城県の海岸で最南端に位置する山元町へ、救援物資や募金やボランティアなどを精力的に運んだ。

仮設住宅や在宅生活支援において、健康チェック、心身両面の健康相談、新たなコミュニティづくりのためのサロン開催などを実施している。

四、「メモリアル訪問で三〇〇軒を一七生協八八人で実施」：松島医療生協青井克夫専務理事

二〇一四年三月に松島医療生協の呼び掛けた「東松島市被災地応援プロジェクト」に応え、全国

の医療福祉生協から被災地訪問や仮設住宅への支援活動を展開した。

五、「被災・被害地の現状」：浜通り医療生協　伊東達也理事長

原発事故から三年後も福島は苦しみの中にいるとして、人の住んでいない地域は大阪府の約六割で東京都の約半分もあり、震災関連死は二〇一三年暮れに直接死を上回り、役場を移転した一〇町村で戻ったのは二町村だが、それでも住民は二割ほどしか戻ってない。そうした中で県民が分断と対立に苦しんでいる。

報告した宮田育治さん、日野秀逸さん、渡邊とみ子さんをシンポジストとし、「医療福祉生協の震災支援のあり方と二〇一四年度の支援」のシンポジウムが残りの時間でおこなわれた。

全国の医療福祉生協の動き

会場では、医療福祉生協連が編集したA４版五五ページの「東日本大震災支援活動集」が配布され、青森保健生協から沖縄医療生協まで三一生協の貴重な取り組みが紹介されていた。

なお東日本大震災における被災者の支援活動の功労に報いるため厚生労働大臣は、全国の八二〇団体に感謝状を贈呈し、その中で医療福祉生協関連では、津軽保健生協と利根保健生協と愛媛医療生協が対象となった。

被災地と被災者の健康を守るため、全国の医療福祉生協が今も支援活動を続けている。

④家族を守る！　減災セミナー

東京都生協連　二〇一七年四月号

東京都生協連コープ災害ボランティアネットワーク

ＪＲ中野駅南口から五分ほど歩くと、東京都生協連の新しい会館がある。一～二階はコープみらい中野中央店、三階は東京都生協連事務所・会議室、四階は地域交流スペース（都生協連）やきょうされん本部・訪問看護ステーション（健友会）・介護センター（コープみらい）、五階はパルシステム東京グループホーム中野中央陽だまり、六～九Ｆはコープみらいえ中野（サービス付き高齢者向け住宅）で、二〇一六年一〇月に竣工した。

ここの会議室で二〇一七年二月四日の午前中に、都連コープ災害ボランティアネットワーク主催の「家族を守る！　減災セミナー」があり、都内各生協の組合員など五一人が参加した。

なお東京都生協連コープ災害ボランティアネットワークとは、阪神・淡路大震災を契機に生協の活動を広げるための人材育成を目的に設立し、地域で防災や減災への参加や、東京都生協連と共に東京災害ボランティアネットワークと連携し災害時に活動している。同養成講座修了者を会員登録し、二〇一七年一月現在は約五五〇名が参加している。年に一度総会を開催し、年度の活動報告、次年度活動方針、幹事の選出をしている。
設立以降の経緯は以下である。
一九九六年　東京都と都生協連で「災害時における応急生活物資供給等に関する基本協定」締結
二〇〇一年　災害ボランティア・リーダー養成講座（入門編）開始（～二〇一〇年）
二〇一一年　災害ボランティア養成講座（入門編）（～二〇一五年）
東日本大震災中野区孤立化防止支援事業サロン「来らっせしらさぎ」運営協力（～二〇一六）
二〇一四年　防災まち歩き・マップづくりトレーナー養成講座（～二〇一六年）、ジェンダー視点でとらえる災害と防災・減災
二〇一五年　被災者支援傾聴ボランティア養成講座（基礎講座）
二〇一六年　防災情報を利用して気象災害から身を守ろう〈気象ネットワーク〉、熊本地震募金
年間の主な活動は、①コープ災害ボランティア養成講座（連続五回）、②スキルアップ講座、③訓練、交流等イベント、④ボランティア活動・訓練である。

セミナーのスケジュール

当日のスケジュールは下記で、午前中の短時間であるが講演と実技を組み合わせて内容の濃いものであった。
一〇時～　開会挨拶：都生協連　竹内専務理事

一〇時五分～開催にあたって：コープ災害ボランティアネットワーク　大矢代表幹事
一〇時五分～一〇時二〇分　アイスブレイク：コープ災害ボランティアネットワーク　宮本幹事
一〇時二五分～一二時二五分　減災セミナー：日本赤十字社東京都支部救護課講習係　若松大輔氏・小宮まり氏
一二時二五分～一二時半　閉会挨拶：コープ災害ボランティアネットワーク　野崎副代表幹事

必ず発生する地震

日本における自然災害や事故等の年発生確率に関する統計資料として、文部科学省研究開発局地震・防災研究課のデータから、三〇年以内に災難にあう確率（％）が次のように紹介された。
航空機事故の死亡〇・〇〇二、交通事故の死亡〇・二〇、火災で死傷〇・二四、心疾患の死亡や空き巣三・四〇、ガンで死亡六・八〇、交通事故で負傷二四・〇〇、首都直下地震七〇・〇〇、東海地震八七・〇〇

一般の病気や事故に比べても、首都直下や東海の地震の発生は桁違いの高さであり、これでは起こらないと考える方が非科学的である。

ところが誰しも思い込みや偏見があり、危険を察知しているにもかかわらず、自分だけは災害にあわなくて大丈夫と心の安定を図る。このため避難勧告や避難指示が出ても、避難するのは面倒くさいと家にとどまる選択をしてしまう人がいる。また地震が発生する確率が高いことは知っていて

も、何も対策していない人も少なくない。過去の災害や近未来の予測を、いかに我が身のこととして認識するかがポイントである。

このため災害時に生き残るためには、①一人ひとりが、他力本願にせず自分の命を自分で守る、②無意識かつ反射的に、安全行動ができる習慣をつける、③もしかしての本能と念のための行動を大切にし、冷静に避難することが重要である。

できることは自分で

災害時にはまず何より自分の命を守ることで、助かってはじめて他人を助けることができる。

避難の長期化を覚悟しておくことが大切で、次の首都直下地震によるライフラインの被害想定と、（　）内は阪神・淡路大震災における復旧日数は参考になる。

停電率：一七・六％（六日）、通信不通率：七・六％（二週間）、都市ガスの不通：二七％（一～二ヵ月）、断水率：三五％（一ヵ月以上）、震度五強で大半の交通機関は停止。

いつの震災でも家具類転倒による負傷が多く、L字金具・突っ張り棒・チェーン・ジェルマット・ガラス飛散防止フィルム・扉開放防止金具を使い家具や家電を固定することが大切である。

家族防災会議で、避難先や集合場所の確認もあれば、災害時の連絡方法も決めておく。

災害時に必要な三助とは、自分の命や体は自分で守る自助、家族や近所の人で協力する共助、自治体・消防・警察・自衛隊など公的機関で守る公助があり、割合は七：二：一である。大規模災害時には、救急車は来ることができず、病院も怪我人で一杯になる可能性が高い。

災害時には現場にいる人で対応せざるをえなく、応急手当を一〇〇知っている人が一人いるより、一だけでも知っている人が一〇〇人いる方が、より多くの人の命を救うことができる。

災害時要配慮者や避難行動要支援者は、幼児や乳児を含む子ども、身体・知的・精神の障がい者、妊産婦、高齢者、慢性疾患など持病のある人、旅行者、外国人、入院患者等の自力避難困難者である。

近隣住民との関係をつくり、非常時に必要な物を準備しておくことも大切である。

非常時に役立つ実技

災害時には、怪我の応急処置や体温維持において、被害をできるだけ少なくするため各自が工夫できることがある。そのためいくつかの実技も、講師のリードで参加者は修得することができた。

三角巾がなくても、身近にあるバンダナやストッキングを使って止血することができる。バンダナは傷口に当てるガーゼと包帯の二役をすることができるし、頭部での止血にはバンダナを傷口に当て、その上からストッキングを被って固定し、ストッキングの足の部分を交差させ後ろから額の前で縛ると効果的である。またストッキングの足の部分に片腕を入れて首に吊ることもできるし、レジ袋の脇を片方だけ切ると腕を固定する三角巾の替わりにもなる。

体を冷やさないことは、健康を維持するためにも大切で、毛布とストッキングと洗濯バサミを使い、温かく体を包むガウンにすることができる。毛布を背丈に合わせ背中から肩に掛け、毛布のすそを踏まないように下半身部を調整し、浴衣を着るように前で毛布を合わせてからストッキングで腰周りを縛る。毛布の上半分を肩に掛け、胸元がすっきりする様に合わせて洗濯バサミでとめると、首周りも温かく包み両手を自由に使うことができる。

ホットタオルも効果的で、タオル二枚、ビニール袋一枚、紙コップ一杯の熱湯を準備する。一枚のタオルをビニール袋に入れ、別のタオルの上に置き、ビニール袋の開け口は上向きにして中のタオルへ均等に熱湯をかけ、巻きずしのように下のタオルで巻く。ホットタオルをビニール袋から取り出し、顔や首などに当てたりすると気持ちが良い。

参加者の感想

参加者の感想は以下であった。

・防災減災を知って生活の中で実践することが、被害を少なくするのに大事なことだと改めて学びました。
・身近にあるもので簡単にできる止血法は、大変参考になったので地域の集まりに活用したい。
・ホットタオルの効用や毛布を応用したガウンは、今後役に立ちそうです。
・地域で防災意識を高める活動に活かします。
・まずは家族や友人に教え伝える。

・バンダナや予備のストッキングを日頃から一枚持つなど、ぜひ日常でも活かし職場でも応用していきたい。

減災七つの備えとは、①自助・共助、②地域の危険を知る、③地震に強い家、④家具の固定、⑤日頃からの備え、⑥家族で防災会議、⑦地域とのつながりである。

地震大国の我が国で組合員の生活を守るためにも、都連での取り組みは参考になる。

第3章

仕事・働き

どんなに素晴らしい商品や計画や施設などができたにしても、それらを活かすための職員の働きがなければ不十分な結果に終わるだろう。そのため役員や正規職員はもとより、パート・アルバイト・嘱託・委託を含め全ての職員の仕事や働きは、生協を支える大きな柱の一つであり極めて重要である。

各現場で努める職員にすれば、楽しく働くことができることである。そこには労働三法に則した安全で安心し継続して働くことのできる労働の環境や条件はもちろん必要だし、さらには提供する商品やサービスを通して、組合員や働く仲間からの感謝があれば、たとえ苦労があっても働き甲斐や生き甲斐にもつながる。

そのため労苦を前提として与えられた労働という捉え方よりも、主体性や楽しさを大切にしたやり甲斐重視の仕事や働きの重視である。より広げれば組合員の活動を含め、生協の在り方を考えるうえでもっと深める必要がある。

①ミニコープで楽しく働く

さいたまコープ（現コープみらい）　二〇一四年一一月号

「生協が大好き」

「生協でパート職員として働くようになる前は、旧さいたまコープ（現コープみらい）活動委員として全国にも足を運ぶなどして飛び回っていました。生協は、食品添加物について安全面で評価して白黒をはっきりさせるし、真面目で素直に組合員の暮らしを守っています。

だから私は、パート店長になった今でも生協が大好きなんですよ」

一〇月中旬のある日、さいたまコープにある七二坪のミニコープ北秋津店を訪ね、元気な小宮節子さん（五八歳）から、店長の仕事やこだわりなどを聞いた。小宮さんは二〇歳の頃から家の外での活動に参加し、ＰＴＡ会長もしたことがあるという行動派で、協同組合のスローガンである「一人は万人のために、万人は一人のために」が好きでもある。

「客数は平日が約六〇〇人で、土日になると七～八〇〇人になります。昼食夕食と翌日の朝食の準備もあれば、さらには忘れた買い物をするなど、多い方は一日に三～四回も来店します。ここには駐車場が一台分もありませんが、すぐ前に大きな集合住宅が並び、ご家庭の冷蔵庫の替わりとし

ミニコープ北秋津店

て店を利用してもらっています」

店の入り口の外に立つと、所沢コーポラスの建物群がすぐ前に見える。一〇階建てで一二〇世帯入っている集合住宅が四棟並び、小さな棟が横に五棟あり、総計で約八〇〇世帯数もあるので大きな商圏となっている。これだけ人口密集した地域であれば、ミニコープの安定経営が可能のようだ。

「先週の一〇月三日に、フライヤーを店内に設置してホットデリカを強化しました。特製の十勝産じゃがいもを使ったホッコリコロッケ、ハムカツ、アジフライ、芋の天ぷらなど、一〇〇円前後（税込み）で温かく提供しています。

初日は九五〇個も売れて、最初の三日間は日に一〇〇〇個前後が続き、いくら揚げても間に合わない状態でした。

その後は平均すると一日に三〇〇個になりましたが、それでも揚げ物の担当者は忙しいですね」

一〇時から二〇時までの営業時間で、朝から夕方六時までは店長を含めて職員一八人が交替で揚げるようにしている。

「元々ここの一人当たりの利用単価が低かったこともあり、これだけホットデリカが好調なので、改装してから二〇〇円ほどアップすることができました。今回の改装に九五〇万円の投資をしており、五年で回収する計画ですが、出だしが好調なのでこのまま推移すれば一年で回収できるのでは、と期待しています」

改装した直後の三日間は、計画対比で客数が一〇七・一％、客単価が一一三・五％となり、トータルで一二〇・六％と好調だった。ホットデリカが組合員に支持され、経営的にも大きく貢献している。こうした店の運営をするために、店長として労務関連で工夫していることについて小宮さんにたずねた。

「今年の三月にこの店に着任した私は、三日間で全員の名前を覚え、〇〇さんと話しかけるようにしました。そのことで職員と店長との距離が短くなり、相手の話をまず聞き事情を理解することに役立てました。

最初の一ヵ月は、各自の働くセンスや仕事のスタイルなどを見ました。また職場会議において、『仕事は楽しくやりましょう』とか、『職場へはストレスの発散に来てください』や『タイムカードを押したら、家のことは忘れるように』と話したものです」

店長と職員の間に距離ができて、楽しくない職場になることもあるが、小宮さんはそうならないように注意している。また家庭での心配事などを、職場に入った段階で全て忘れ、たとえ嫌なことがあっても、笑顔で「いらっしゃいませ」と元気に接客ができるように呼びかけている。

「ときには店長として職員に注意をしなくてはならないときもありますが、けっして組合員のいる店内で叱ることはなく、必ずバックヤードに呼んで話すように私はずっとしています。働く仲間が叱られているのを傍で聞くのは同じ職員としておもしろくないし、店の雰囲気だって暗くなってしまいます。

人がする仕事ですからときにはミスもあって、誤発注でたくさんの商品が届くことがたまにあります。そんなときは、皆で協力して売り切ればいいわけで、レジの担当を含めて声かけをして完売するように努めています」

職員には一人ひとりにプライドがあるので、それを大切にして個人を尊重した運営をしている。そのことが店長と職員の信頼関係をうみ、それぞれのやる気にもつながり、来店した組合員へ常に笑顔を向けることや、誰かが接客で言葉をかけると、同じ言葉を他の職員も口にする「山びこ挨拶」ができるようになって組合員からも好評である。

最後に店長として一番嬉しかったことを小宮さんに質問した。

「ミニコープにおける共済の加入件数で、一番をとることができたことです。全員の協力でなしえたことで、皆で喜びを分かち合ったものです」

あくまでも謙虚である。こうして職員と一緒になって店の運営をすすめる小宮さんは、片道一時間半もの時間をかけて通勤している。それでも生協の職場に来ることが、毎日楽しくてしかたがないと明るく笑っていた。

職員との会話を重視

ミニコープ久喜東店の川越幸代さん（五六歳）も、小宮さんと同じくベテラン店長の一人である。こちらは売り場面積が五二坪で、他にステーションを併設しているため働く職員もミニコープの中では二二人と少し多い。店長として工夫していることを川越さんに教えてもらった。

「一つ目は、働いているパートさんとよく会話をすることです。声の大きな人や自分から訴えてくるパートの意見は分かりますが、何も言わない人が良い案を持っていることも少なくありません。各自に良い点が必ずあり、会話を通してそれを店長として見つけるようにしています」

コミュニケーションをとることは職場運営の基本であり、これが少ない店舗は効果的に労務管理もできない。ミニコープ北秋津店の小宮店長も同じであった。

「二つ目は、職員の皆を巻き込むことです。たとえば共済加入のお勧めがあります。誰もが加入のお勧めについて苦手な意識を持っているので、あえて『断られてもいいのよ』とか、『チラシを配布するなり、レジでおしゃべりをして』とお願いし、そのうえで『誰かがフォローするから』と伝えます。これまでは後仕事をきちんとしてこなかったので、その結果が成果となって数字になることが少なかったのです」

これも店の雰囲気を前向きに変えて、一つの方向に向かって全員に動いてもらうために大切なことである。そして小さくても成果があると全員にすぐ伝え、確信につなげてさらに職場全体の気運を高めている。

「三つめは、数字を良くして働く皆をその気にさせることです。この店は、野菜、肉、水産の生鮮三品の強い店なので、週に一回は発注の担当者と打ち合わせをして、まずは必要な商品が棚に並んでいるようにしています」

部門別の供給高の達成やロス率の管理などにおいて、数字を全員が確認して働く意欲を高めることで、経営の見える化の一つでもある。

数字を良くするために、商品への川越さんの目配りも厳しい。たとえば今年の七月に改装して導入したフライヤーによる、揚げ物をしたときの油切りである。商品を揚げてパットに並べるときに、コロッケやアジフライなどを横にではなく縦にするようにし、そのことで油の切れを良くしている。そのため一分多くかかったとしても、油の少なくてより美味しいフライ物を組合員に食べてもらうようにしている。

また月見団子を並べたときは、たまたま川越さんが長野の実家へ戻ったときに、近くのススキを採ってきて店内で秋を演出した。

こうした結果九月度で、ミニコープ久喜東店の供給高は前年比一一八・七％となり、累計でも前年比一一三・九％になっている。

工夫によっては五〇坪タイプの店舗でも、その地域で十分に存在価値を発揮して組合員の評価を得て、健全経営ができる可能性のあることを示している。

②協同による仕事や地域の見直し

福岡県生協連、他　二〇一五年二月号

福岡県ではＩＹＣ（国際協同組合年）実行委員会の継承として、生協・ＪＡ・ＪＦ・森林組合・労協などの一三団体で、「協同組合ふくおかネットワーク推進協議会」を結成し、二〇一三年から講演会や職員の研修会などを開催している。

その一つとしての合同研修会が、二〇一四年一一月に博多で開催になり、参加する協同組合から職員約六〇名が参加した。その場で私は、「被災地における協同組合間協同」と「協同による仕事や地域の見直し」の二つのテーマで午前中に話をさせてもらい、午後のワークショップへと続けた。ここでは、「協同による仕事の見直し」の概要に触れる。

なお二〇一二年の国際協同組合年以降に、ポストＩＹＣとして組織的に活動しているのは、福岡県や茨城県など少数で、協同組合のさらなる発展のためにも貴重である。

子どもや孫に同じ職場で働かせたいか？

冒頭に参加者へ対し、「今のあなたの職場へ、子どもや孫をぜひ就職させたいですか？」と質問したところ、誰一人として挙手がなかった。今の仕事で何か不満があり、子どもや孫にさせたくないと全員が考えている。

以前にある自動車の企業で同じ質問をすると、子どもや孫を同じ職場で働かせたい割合は、わずかに三%であった。この低さには、職員や労組以上に経営陣が驚いた。

働くことに関する問題意識は

生協総研に在職中、生協で働くことの意味を問い続けた私は、以下の問題意識を持ってきた。

第一は、協同組合にも残念ながら思考停止が広がり、たとえ規模は小さくても大企業病を患っていると言っても差し支えないだろう。規模は手段の過程であり目的でないはずだが、常に成長を目指すことなどにも思考停止の症状を伺うことができる。

第二に、働くことの社会的な役割をいつも明らかにして実践することで、それがなくなれば協同組合といえども地域社会に不要な存在となり、やがて内部崩壊する危険性がある。

第三に、仕事の変革の主体はどこにあるかで、ややもすると理事会に求めるが、あくまでも働く一人ひとりの内部に求めるべきであろう。

第四に、協同組合は変革可能な組織であり、もし納得できない労働環境であれば、仲間と一緒になって内部から変える努力をすることである。

協同組合の多くはすでに長い歴史があり、仕事に関するマニュアルなどがかなり整備されている。このため受身的になり、上司から与えられた仕事をただひたすらこなす人も少なくないが、協同組合労働の本来の姿ではないだろう。

働くとは

働くことの類似語には、勤め、仕事、労働、作業、服務などがあり、微妙な意味の違いがある。同じことは英語のｗｏｒｋとｌａｂｏｒでもあり、ｗｏｒｋは作品などの意味もあるように楽しみつつ働くことも含むが、ｌａｂｏｒは給与のため苦しくても頑張る労働をさす。人々は多くの時間を働くために費やすわけだから、ｌａｂｏｒよりもｗｏｒｋとして捉えた方が、貴重な人生を楽しく過ごすためにも効果的である。

狭義では職場で働くことを指すが、それ以外に家庭内の家事もあれば、町内会活動のような地域社会で働くこともある。このため働く目的は、お金だけでなく、自己実現や家族、知人、隣人、弱者、社会正義のためといった、複数の基軸に立つ多様な価値に置くことができる。

その結果として働いた後で、物心の満足を得て自らの存在感を高め幸福になる。

こうした国民の幸福にも密接して大切な働きについて、日本国憲法においても関連した定めがある。第一二条では、「この憲法が国民に保障する自由及び権利は、国民の不断の努力によって、これを保持しなければならない」とし、受け身ではなく不断の努力を呼びかけている。第一三条では、「すべて国民は、個人として尊重される。生命、自由及び幸福追求に対する国民の権利については、公共の福祉に反しない限り、立法その他の国政の上で、最大の尊重を必要とする」とし、第二七条では、「すべて国民は、勤労の権利を有し、義務を負ふ」とあり、健常者はもとより、高齢者や障害者など全ての人々の幸福追求する権利としている。男女の賃金格差や非正規の拡大などの現状は、こうした憲法の理念からすれば大きな問題がある。

協同組合における働きがい

職員満足度（ES Employee Satisfaction）は、以下によって構成されている。第一に仕事の満足で、やりがい、自己の成長感、自分らしさなどがある。第二に職場の満足で、課題に対する職場の前向きな姿勢もあれば、安心感や一体感も影響する。第三に上司の満足で、判断や業務指示への信頼もあれば、コミュニケーションも大きな要素となる。第四に協同組合の満足で、トップへの信頼や人事・労働環境の満足がある。

こうした働きがいで、協同組合における三要素として私は以下を強調した。

①主体的に働くことで、自らの意思で考え働くことで喜びにつながる。

②協同組合としての組織、職場、仕事である。民主的に管理する事業体としての協同組合であり、共通の経済的・社会的・文化的ニーズと願いを満たすための事業を展開し、自発的に手を結んだ人々の自治的な組織でもある。

③組合員からの感謝や励ましが、働きがいを限りなく高める。暮らしを豊かにする商品やサービ

スの開発と提供で、組合員は喜んでくれるし、組合員とのコミュニケーションが仕事の質をさらに高める。

特に③によって、協同組合において働いていて良かったと実感できるので、こうした場面を一つでも多く持つことが重要である。

職員の働き方をより高める

第一に持続性を守り、組織を将来とも維持発展させることで、そのためには仕事の楽しさや満足感が大切となる。

第二には協同組合へのコミットメント（関与）で、組織のビジョンや希望などを明確にしてアイデンティティ（自己同一性）を高めることである。

第三に自己育成で、自らの成長を促す教育、技術、知識、自信などの高揚である。

第四に、コミュニケーションを高め、同僚、上司、組合員、ステークホルダー（利害関係者）などとの信頼関係を確立することである。

第五には、精神的ストレスの軽減で、誰もが働きやすい職場を作るため、セクハラやパワハラなどをなくし、残業時間の縮小や休暇を取りやすい環境にすることも大切である。

協同を大切にする働き

大辞林では協同を、複数の個人や団体が心や力をあわせて同じ目的、共通の利益を守るために事にあたることとし、同音語の共同は、たがいに同じ立場・資格に立って力を合わせることと解説している。この協同の三要素は、①共通する志を明らかにして何のために、②仲間などの誰と、③対等平等にどう力を合わせるかがある。

こうした協同を事業化した協同組合において、理念を説明する言葉が「一人は万人のために、万人は一人のために」である。

広く世のために尽くすことを呼びかけているが、元々は古代ゲルマン民族の諺で、顔のわかる小集団間の互助における掛け声として使っていた。職場や地域で顔と名前が一致する小さなグループでの助け合いであり、働き方でつながっているような関係においてである。よってこの諺の真意は、主語の私を明確にして、「私は仲間のために、仲間は私のために」とすべきで、そうした働き方がますます大切になる。

③協同の力で働く場の創造

東京ワーカーズ・コレクティブ　二〇一八年七月号

六月三日の午後に都内で、「ともっと事業体」が主催して東京ワーカーズ・コレクティブ（ワーカーズ）協同組合が共催し、二〇一八共に働くフォーラム「たくさんの共に働く！　現場を知って一歩踏み出そう！」が開催となり、約八〇人が参加した。二〇一七年四月に五団体の共同事業で設立した同事業体は、社会参加に困難を抱える就労希望者がその人らしく働くことを目的にしている。

案内文には、社会参加に困難を抱える人と、その人らしく働く場を作る事業所がワーカーズにあり、経験や工夫を通し共に働く事業が広がる場にするとあった。ワーカーズは、人の役にたち自分らしさを活かすため、暮らしやすい地域づくりを目的に自分たちで事業化し、各自が経営者であり労働者として事業に関わり、仕事の目的や働き方や報酬は皆で話し合って決め、責任も全員で持つ働く人の協同組合である。

生活クラブ生協・東京では、一九八〇年代からワーカーズに取り組み、二〇一五年の総代会で確認した第六次長期計画で、五ヵ年の基本方針の二として「行き過ぎた個人化を修正しつながりの社会にするために、コミュニティの充実と福祉事業の強化」を確認した。また二〇一八年総代会で、基本方針の「Ⅳ．地域福祉事業をひろげます」において、「三．生活困窮者支援、若者就労支援、社会的養護への対応など格差・貧困問題に取り組み」や「四．障がい者の就労や放課後のデイサービス、児童発達支援事業の取り組みを開始」を決めている。

高次脳機能障がい者の支援

第一の事例報告はNPO法人VIVID（ヴィヴィ）の池田敦子さんで、一九九五年に突然脳出血による障がい者となった息子さんのことがきっかけで、二〇〇七年に組織化した。VIVIDはエスペラント語で「生きる」を意味し、高次脳機能障がいがあっても生き生きした生活ができるように活動している。突然の事故や病気で脳のダメージで起きるこの障がいは、仕事や生活にも困難を生じているが社会的支援は不十分である。

この状況を変えるため、新宿区委託による高次脳機能障がい者支援事業として、ミニデイサービスの提供・なんでも相談・研修会の開催を一〇年続け、その経験をもとに就労継続支援B型事業所フレッシュスタート目白を二〇一八年四月に開設した。

高次脳機能障がいの他に身体、知的、精神、発達に障がいのある人たちが、作業を通し働くことに必要な知識や技術の向上に取り組み、特性に応じた作業を工夫して作業意欲を高め、就労継続A型や一般就労につながる支援をし工賃の向上を目指している。定員は一日二〇人で、作業は①リユースショップの運営、②手芸・創作、リメイク・小物類の製作、③組み立て・解体、封入作業、清掃、ポスティング、植栽作業、イベントへの出店などで、他に外出・食事会・音楽や運動のクラブ活動がある。

配送業務受託

第二の報告は山本真也さんから、企業組合ワーカーズ・コレクティブ「轍《わだち》あい」による生活クラブ生協の配送業務受託事業についてであった。

一九九〇年に設立し、たすけあい・話し合い・愛し合い・言い合い・指摘しあいなどの思いやりがあり、あいがあふれる職場にする思いを名称に込めた。

二〇〇〇年までの創設期は、ワーカーズの原則で自律した人の集まりをめざした。二〇〇一年から二〇一〇年の事業体としての確立期は、法人格を所得して軽貨物自動車運送事業を開始し、生活クラブ生協からの信頼を得て、二〇一一年からの充実期ではリーダー層の成長と次世代への交代をうながしてきた。

男性二〇人と女性二人のメンバーと、男性七人と女性九人のアルバイトの計三八人が働く職場で、意見を出し合って毎日が創意工夫の連続で、一人ひとりの成長が組織の発展につながっている。

その一人である障がい者の桃ちゃんの素敵な紹介があった。二〇一五年四月に就労し、真面目さ・集中力・記憶力で、一日に一五〇〇組のチラシ組みやメンバーからの電話受けもあれば、パンの仕分けやコンテナの片付けや掃除などをきちんとしている。

本人は、「チラシ組みは時々体が痛くなるけど、配達員の皆さんにお礼を言われたり喜んでもらったりするのがうれしいので、やりがいのある仕事」と答え、同僚からは「桃ちゃんがいないとセンターがまわりません」や「チラシ組みのスピードではナンバー1」と高く評価されている。

デポー（店）業務受託

三番目にワーカーズ・コレクティブHarmonyの加川佐智子さんから、生活クラブ生協のデポー業務受託の事業報告があった。

二〇一二年に生活クラブデポー町田のフロア業務を受託するため設立したHarmonyは、二〇一六年に社会福祉法人から三人の障がい者の職場体験を受け、その一人がアルバイトで働いている。四年前に高次脳機能障となり記憶の継続が難しい三〇歳の女性が、野菜や果物の袋詰めや値付け作業・パソコンでの入力作業など、繰り返し決まった作業を一日三時間で週三日している。

メンバーの時給さえ充分でない厳しいHarmonyで、障がい者の時給をどうするのか議論し、無遅刻・無欠勤であったことなどにより、二〇一八年一月に他のアルバイトと同じ給与に決めた。

こうして学んだことは、①メンバーの能力を引き出せた、②問題解決には話し合い以外に方法がない、③誰でも働くことのできる受け入れ幅の広い職場をつくるきっかけができたことである。しかし、働く場ができたから終わりでなく、家族も含め障がい者の生き甲斐を常に支える総合的な社会的支援体制が必要である。

準備中の片付け事業

四番目の報告は、共働事業所「よって屋」の重田益美さんで、みんなと一緒に働く事業所を作りたいと以下の報告があった。

一三年前に滋賀県の、障がいのある人もない人も対等平等な立場で働きあう場に対して補助する社会的事業所を見学し、いつの日か同じものを作りたいと考えた。ホームレス、シングルマザー、障がい者、刑余者、薬物・アルコール依存者、ひきこもり、高齢者など就労困難者は多数いる。障がい者約七四〇万人のうち条件があってこれから働きたい人は、一般就労一〇〇万人と福祉事業所三〇〇万人で計四〇〇万人もいるので、誰もが社会の一員として働くことのできる社会を実現させようと願った。

独居高齢者や片付け困難者の増加で、二〇一七年一〇月に生活クラブ運動グループでの片づけ事業プロジェクト答申が出て、あうんモデルの先行事例ができた。府中の準備会を二〇一八年一月に立ち上げ、二月よりあうんで研修し、府中緊急派遣村からのアパート引き払いやエコメッセの着物搬送などできることから事業を開始し、今後は一般社団法人も検討している。

片付け事業は過当競争で、物件探しや廃棄物処分の許認可は難しいが、法人登録・車両取得・古物商と軽貨物免許取得、店舗・倉庫確保・インクルーシブ事業連合助成金申請などし、この一〇月に事業開始の予定である。

生活クラブ生協・東京の事例とこれから

組合員約八万人の生活クラブ生協・東京の村上彰一専務から、以下のコメントがあった。

当生協にはパートナーのワーカーズが五一事業所あり、生協の施設清掃は全てをそこに委託、二〇一六年の生活クラブ農園あきる野開園で農福連携、生活サポート基金で一二年間に約一万人の相談を受け一三・七億円の貸付、稲城で児童発達支援事業と放課後デイサービスなど、多様な働く場づくりや生活困窮者を支援している。

障がい者雇用は、身体四人・精神五人・知的二人の計一一人で雇用率三・四七%となり、ユニバーサル（中間的）就労では・倉庫作業・添乗・事務庶務をしている。

都市農業の育成強化と共に働く構想では、八〇アールに拡大した生活クラブあきる野農園で二〇一八年度は農福連携をするため市と話し合い、児童発達支援事業と放課後デイサービスを稲城で実施するため、ACT稲城たすけあいワーカーズこんぺいとうと連携し、生活クラブあのねのお家を二〇一八年九月開始で予定している。

誰でもいつ病気や怪我で急に就労が困難になるかわからない。このため障がい者にとって働きやすい職場づくりは全国民的な課題であり、生協のパートナーであるワーカーズの果たす役割は、東京だけでなく各地でもますます大きくなっていくことだろう。

④働きがいのある人間らしい仕事めざし第九七回国際協同組合デー

日本協同組合連携機構（ＪＣＡ）　二〇一九年八月号

二〇一九年七月九日の午後半日を使い、都内において日本協同組合連携機構（ＪＣＡ）主催で、「協同組合は働きがいのある人間らしい仕事ディーセント・ワークを実現します」をテーマの集会があった。毎年七月の第一土曜日は、国連が認定する国際協同組合デーで、一九二三年にはじまり今年で第九七回となる。今回のテーマは、持続可能な開発目標（ＳＤＧｓ）の目標八「ディーセント・ワークと経済成長」に基づき、働きがいのある人間らしい仕事であるディーセント・ワークを、協同組合らしい仕事を通じた地域づくりや、地域の活性化に貢献している事例を共有することが目的である。

開会挨拶の後で海外からのビデオメッセージなどがあり、「ディーセント・ワークと協同組合」と題して田口晶子ＩＬＯ駐日事務所代表からや、「生き心地の良い地域づくりを考える～日本で〝最も〟自殺の少ない町の調査から～」をテーマに、岡檀情報・システム研究機構統計数理研究所医療健康データ科学研究センター特任准教授の講演もあった。

パネルディスカッションでは、働きがいのある人間らしい仕事を通じ、地域コミュニティに貢献する三団体の事例紹介があり、その意義をSDGs目標八の視点から議論した。紙面の関係もあり、生協にかかわる二つの事例を以下で紹介する。

過疎と高齢化の地域を元気に

コープあいち岡崎センターの福田健司副センター長より、過疎と高齢化の進む千万町《ぜまんじょう》を元気にする取り組みの報告があった。

毎日の買い物にも困る人々のいる中で、廃止になった小学校を地域の人々が集う場の千万町楽校にしたいと、男性の元教頭が考えてまずスタートした。二〇〇九年度末で閉校の旧千万町小学校跡地を、心のふるさとと楽校として活用し、夢と希望あふれる故郷づくりを根気よく継続しながら、山里の魅力を発信して交流するグループである。そこのテーマは、「山里の〝宝〟を活かしたふるさとづくり」で、サブテーマは「誰もが笑顔と元気で輝き合える千万町・木下」としている。具体的な取り組みには、山の小さな音楽会・ふれあいサロンヨガ教室・ふれあい会食・運動会などがある。

ところでコープあいちの「大切にしたい三つの視点」とは、組合員・ふくし・地域であり、これらをこの集落と生協の関わりにもあてはめることにし、コープあいちが直接出て動くのではなく、二〇一七年春の二つのイベントで住民自身が、買い物に困っている中で生協の配達事業や商品を説明した。一五〇人が参加して生協をまず知り、地元の住民で自ら組合員になり、かつ取りまとめをしてもいいかなという民生委員の経験者が現れた。その方は、コープあいちの共同購入についての説明会を知らせるための手作りの手紙を作成し、全世帯向けに案内した。このためコープあいちへの興味と関心は進んだが、高齢者が多くて生協の仕組みや注文方法が良く分からなくて、面倒くさいなどの意見がいくつも出てきた。

さらに住民同士の意見交換をする中で、注文書の見方・記入方法・おすすめ商品の紹介・予約登録の方法などについて、班長になって不安な人たちにも丁寧に教えてくれる女性が現れた。

こうした人々を中心にグランドゴルフの後で生協説明会を開くと二〇人が集まり、後日の生協加入手続きでは一七人が登録し、共同購入班を一つ立ち上げることができた。

毎週火曜の午後二時になると、共同購入の荷卸し場所としての地域ステーションの千万町楽校に注文した品物が届き、五人の世話役が仕分けをし、そこへそれぞれの組合員が受け取りに来る。

仕分けの後は、お茶とお菓子で組合員のおしゃべりをし、地域の楽しい触れ合いの場となっている。さらには「いきいきふれあいサロン」においても、生協との関わりを強め、昼食会の弁当はコープあいちの組合員たちで作り楽しんでいる。

千万町楽校での教訓をふまえて福田さんたちは、社協や地域包括センターへの訪問、高齢者サロンでの試食会やまなびカフェ、マッチングフェアで出会った方との対話、子育てサロンや子ども育成センターのおやつ、ショッピングセンターでのブース出展など、地域とのさまざまな接点をさぐってきた。そこからいくつもの困り事が聞こえ、生協との関わりを広げつつある。

こうした報告をした後でパネルディスカッションの場において、二〇〇〇年入協の福田さんは、自らの働き方の変化や学びなどに触れた。生協だけで地域に関わることができるのは限界があり、行政や地域の諸団体と一緒に取り組んでいくと効果的で、それも自分一人で関わるのでなく、できるだけ多くの人の協力で進めることや、また仕事の組み立ては、数値目標でなく地域の困りごとをメインにすることで、他の職員もやり甲斐を感じるようになり、そのため生協の離職者も少なくなったとのことであった。

地域の困りごとに関する気付きの実践を続けることが、今後とも続く生協の課題であるとも触れて共感できた。

働きがいのある人間らしい仕事求めて

次は千葉県松戸市にある、日本労協連のセンター事業団東関東事業本部松戸地域福祉事業所あじさいの取組みを、小林文恵同所長と青木信子同副所長が報告した。なお日本労協連とは、共に生き共に働く社会をめざし市民が協同・連帯して、人と地域に必要な仕事をおこし、よい仕事をして地域社会の主体者になる働き方をめざす協同労働の協同組合である。

あじさいでは、二〇〇六年に定員一五人で開所した地域密着型通所介護からはじまり、二〇一三年の千葉県障がい者委託訓練、二〇一五年の多機能型訓練、二〇一七年と二〇一八年の学習支援、二〇一九年の学習保育二ヵ所とキッズルームがあり、全体で六部門八事業所を運営している。そこでは介護業務や清掃業務を中心に、松戸市からの委託事業の緑化作業、配食の運転業務や内職、小物作り、事務補助、梅干作りや販売などをしている。

　事業所の特徴は、障がいがある人、高齢者、ニートや引きこもりを経験した若者が、それぞれ自分の役割を持ち支え合って一緒に働いていることである。それも組合員だけでなく障がいのある利用者や、通所利用者も共に働き、かつ一人が一つの専門だけをするのでなく、通所介護・多機能・学童保育・学習支援・委託訓練の、どこの部署でも通用するようにしている。

　利用者の思いを受けてその人にできる仕事は何か、もしくはどんな仕事ならできるのかと考え、仕事がなければ一人ひとりの得意分野にあわせてつくってきた。誰にも各自の役割があって、活躍できる職場と地域をこれからも皆でつくっていきつつある。

　そうした自分らしく働いている事例の一つとして、一四歳から精神障がいの疾患である統合失調症となり、障害者手帳を持っているある女性の報告があった。彼女はあじさいのデイサービスで、二〇一二年に週一度のボランティアを始め、一年二ヵ月後に介護職員初任者研修に参加し、体調に合わせたペースで学び介護資格を無事にとることができた。その後職員として週に一回働くようになり、今は週に五回も介護やリネンの仕事で一所懸命働いている。

「あじさいで働くことは、とてもやりがいがあります。職員さんもみなさん優しく、仲間として一緒に介護の利用者さんのケアをさせてもらっています。利用者さんが笑顔になったり、『また来るね』と言ったりして帰られるとうれしく思います」と彼女は別の場で話している。

　月一〇万円の工賃をもらい、生活保護受給をやめることが彼女の当面の目標である。

経営を継続して進めるためには、協同組合としての目的と経営数値を管理する手段が大切である。

ところが経営が厳しくなると、目的と手段の逆転現象がおこることがある。そうではなくあくまで協同組合の原点を目的にした仕事の大切さを、二つの貴重な実践事例は示している。人間らしい仕事こそが、その人の健康な成長を支え、その結果として職場や協同組合を守り発展させることにもつながることを、全ての生協人は再認識すべきだろう。

⑤年商四〇億円ネット率二・五％の店めざし

いわて生協　二〇一五年七月号

愛とヒューマンのミニコンサート

「最初の曲は、イギリスの作曲家エルガーによる『愛の挨拶』です」

ヴァイオリンを手にした長身の松本克巳さんは、軽く会釈し側で電子ピアノの前に座っている金沢恵理子さんへ目配せをした。ヴァイオリンとピアノの優雅な音が、座った四〇人ほどだけでなく、通路を歩いている人たちにも流れていった。

いわて生協の大型店舗で、宮古市にあるＤＯＲＡ《ドラ》店にある復興商店街の一角である。そこでは、岩手県沿岸被災地にある復興支援団体が作った菓子、飲料、日用品から水産加工品まで、幅広く取りそろえて販売している。日本フィルハーモニィで活躍している松本さんと、若手ピアニストとして活躍中の金沢さんによる、復興支援のミニコンサートが開催となった。

「次は、クライスラーによる『愛の悲しみ』と『愛の喜び』です」

他に山田耕筰の童謡「からたちの花」、貴志《きし》康一作曲の「竹取物語」と「水夫の唄」、民謡「斎太《さいた》郎節《らぶし》」などが続いた。

一〇曲目となったマスネ作の「タイスの瞑想曲」で、予定した一時間のミニコンサートは終わった。

主催者の今野強さんがあいさつした。

「『愛とヒューマンのコンサート』は、一九八九年の坂本弁護士事件の救援からスタートし、一九九五年の阪神淡路大震災や二〇〇七年の中越地震、そして東日本大震災の復興支援へとつなげて開催しています。昨年もこのＤＯＲＡ店でコンサートをさせてもらいました。がんばっている被災者の方に、さらにがんばってくださいと言えません。お元気で過ごしていただき、またお会いしましょう。さようなら」

音楽の余韻を楽しみつつ、名残惜しそうに参加者は席を立った。

新店長の固い決意

「マリーンコープＤＯＲＡは、いわて生協店舗事業の屋台骨としても重要で、年間供給高四〇億円で経常剰余二・五％の一億円の経営にぜひしたいと私は決意しています。震災で被災した宮古市を含め沿岸地の人口が減少しつつある中で、小売の競争がさらに激化し、競合各社から客数と供給高を生協は削り取られています。

これに歯止めをかけ、戦略部門である生鮮のレベルアップを図り、圧倒的地域一番店としてのショッピングセンターづくりをめざしています。そのため生鮮専門大店づくりで、専門店を集積し、全館でのイベントで集客力をより高め、同時に提案型の売り場づくりをし、三六五日あるお祝い事において、ハレの日としての期待を上回る水準を追求しています」

ＤＯＲＡの事務所で、二〇一五年四月から統括店長となった濱田一之さんから話を聞いた。テナントを含めて年商四〇億円もの巨大な店舗で、小さな生協にも匹敵する規模である。さらに経常剰余を二・五％で一億円確保する目標だから、その実現にはかなりの努力を必要とする。

「普通の店は地域型として運営すればいいのですが、ＤＯＲＡは広域のショッピングセンターですので、多様な方針を掲げて取り組まなくてはなりません。店を少しでも良くするため、農産では価格訴求を強めて組合員に足を向けてもらい、魚や肉では専門性を高めた品揃え等の取り組みを進めました。戦略コーナーの一つとして、焼肉・ステーキの牛肉やマグロでは、お祝い対応で品揃え提案を強め、四、五月の客単価が前年比で一二〇％伸張にもなったものです。

それぞれのマネジャーと相談して客単価目標を高く掲げ、本部と確認した通常の予算だけでなく、それよりさらに高いチャレンジ予算を設定し、それに向かって日々のマネジメントをしています」

濱田店長から、Ａ4版四枚の「一五年度店長行為計画」書を見せてもらった。そこには供給高に関する数値で、一四年度の実績は前年比八九・八％の三八億円、一五年度経営予算は前年度一〇〇・三％の三八・二億円で、一五年度自主予算は（経営）予算比一〇六・一％の四〇・五億円とあった。厳しい競争環境の中で、客数と客単価をそれぞれ一〇三・一％と高く設定する意欲的な数値である。

基本を忠実に

それにしてもこれだけの高い自主予算を達成するために、いったいどのような手立てを講じるのだろうか。全国の生協における店舗事業だけで、毎年のように二〇〇億円をこえる赤字が続いており、店舗の黒字経営は生協にとって大きな課題である。

「四〇億円の供給と一億円のネットを確保するため、これ一つをすれば解決する打ち出の小槌のような答えがあるわけではありません。

店舗経営の基本について徹底してレベルを引き上げ、小さくてもできることを全て行い、鮮度や品質、品切れ、開店や夕方のピークにおける時間帯売り場、陳列マニュアル、あいさつ、五Ｓ（整理、整頓、清掃、清潔、躾《しつけ》）三Ｔ（定位、定品、定量）をいつも気にしてきちんと守ることです」

どれも店舗経営の原則で、当然のことながら歴代の店長が触れてきたことであるが、その徹底はまだ不十分さがあるとの判断であった。そのうえで行為計画には、以下の方針を明記していた。

①客数

・エリア対策：津軽石から南方面の豊間根・山田地域を奪還するため、水産「黒潮市場」の再構築や畜産の焼き肉とステーキ強化。小商圏では来店頻度を高めるため、農産の安さ感づくり＋惣菜時間帯別売り場強化＋日配部門の立て直し

・火曜日対策：「サティの火曜市」レベルを目標に毎週ＰＤＣＡ（マネジメントサイクル）をまわす。

いわて生協マリーンコープDORA

・週末対策：毎週「峰づくり」に取り組み、果物・黒潮市場・畜産・惣菜の各専門店やチーズ・スイーツ等で目標にチャレンジする。

・五％引きの日：総力祭で異常値づくりをすすめ、ＭＤ（マーチャンダイジング商品政策）計画をベースに全常勤者の知恵を集め、「圧倒的地域一番店をつくる日」と銘打って全館あげて取り組む。

・ＩＣＯＯＰ：ＣＯＯＰ商品のブランド力を引き上げるため、ＳｍｉｌｉｎｇＣＯＯＰの再学習やラブコキャンペーンでは全国一位をめざす。

②客単価

・専門店づくりで核コーナーの磨きこみ（略）・主力の重点商品で圧倒的な供給量づくり（略）

③ＧＰＲ（略）

④費用（人件費・物件費）（略）

他にも計画書には、全員がこだわる「発見や感動にあふれ、毎日のくらしが楽しく豊かになるお店」との店舗コンセプトを解説し、さらにそのコンセプトを実現するための組織や仕組みづくりの課題についても触れていた。

毎日のように店内放送で翌日の天気予報を濱田店長は流し、各売り場の細かい工夫を喚起している。あくまでも忠実に原則へ沿いつつ、壮大な挑戦がＤＯＲＡで続いている。

⑤年商四〇億円ネット率二・五％の店めざし

第4章

生協を考える

生協やコープと呼ぶときもあれば、さらにはCO・OPと書くこともある。どれも消費生活協同組合法の理念に沿ったものではあるが、こだわりや事業などは多種多様で、それらをどのように捉えて発展させていくかについては、いろいろ貴重な議論が各方面で展開されているし今後も続くことだろう。

その二〇一九年度の現状は、日本生協連の発表によれば以下である。

組合員数　二九六二万九〇〇〇人　うち地域生協二二六四万七〇〇〇人

生協の小売シェア　　二・七〇％

地域生協の世帯加入率　三八・五％

もちろん生協の目的は、生協法第一条にある国民の生活の安定と生活文化の向上にあり、けっして事業規模の拡大ではないが、組合員や地域社会からの信頼の指標としてこうした数値は意味がある。

そうした数値には地域差が当然のことながらあり、たとえば地域生協の世帯加入率を県別でみると、一番高いのは宮城県ですでに七五％をこえ、さらに北海道、福井県、兵庫県では五〇％以上となっている。また市町村別でみると、ここではもっと大きな差がある。

生協の事業が発展するため、その地域における人口の動向や小売業の発展などの客観的条件と同時に、組合員や経営の力量などの主体的条件によって、多様な発展をしてきたし今後も続くことだろう。そのとき与えられた仕事の範囲内だけでなく、生協全体の動きを理解したうえで自らの役割を考えることは、働き甲斐にもつながり大切である。

各自が生協について考えるときの、一つの参考にしてほしい。

①種子法廃止とこれからの日本の農業を考える

二〇一八年一〇月号

九月一日に都内で、私の所属する日本科学者会議食糧問題研究会が主催し、元農林水産大臣の山田正彦さんを講師に、「種子法廃止とこれからの日本の農業」をテーマに研究例会を開催した。後援はパルシステム生協連合会、生協パルシステム東京、東京ワーカーズ・コレクティブ協同組合、日本協同組合学会、東都生協、日本労働者協同組合連合会で、各地から七一名もの参加があり、一時半から四時半まで熱気あふれた場となった。

二〇一八年四月に主要農作物種子法（種子法）が廃止となり、ＴＰＰの動きなどで私たちの食に直結する日本の農業が、これまでになく企業の儲けの対象となって大きな岐路に立たされている。

一九五二年制定の種子法は、餓死者もでる食糧難を経験した日本が、米・大麦・はだか麦・小麦・大豆の主要作物について、安定して供給する責任が国にあると定め、優良な種子の生産と普及を明記している。地域に適した良質な種子が公共財として生産者へ届くように、各地の農業試験場などで必要な経費は国が担ってきた。

そうした日本の農業を支える骨格が崩された今、現状の問題を共有し今後の課題を共に考えた。

種子法廃止の背景と影響

山田さんは、二〇一五年に「TPP交渉差止・違憲訴訟の会」を設立して共同代表につき、二〇一七年には「日本の種子《たね》を守る会」をつくり顧問となり、弁護士の専門性も発揮し一時間半の熱弁を以下のように展開した。

日本は署名したTPP協定に沿って国内法の整備に取りかかり、種子法廃止の他にも農業競争力強化支援法や水道法改定で民営化などをすすめている。TPP協定並行会議に関する日米交換文書では、「日本政府は投資家の要望を聞いて、各省庁に検討させ必要なものは規制改革会議に付託し、同規制改革会議の提言に従う」とある。

種子法があることで、これまで米、麦、大豆の伝統的な日本の在来種を国が管理し、各都道府県に原種・原原種の維持、優良品種の選定、奨励、審査を制度として義務付けてきた。米の種子は、各地の農業試験場で雑種の混入や不良な種を除き、苗場農家を選抜して増殖させ、厳格に監査した優良な品種を公共品種とし、コシヒカリなどの品種を一キログラム五〇〇円と安く提供できた。地域にあった米だけでも三〇〇品種を提供してきたが、農業強化支援法では銘柄を集約し企業の為に数種へ絞ることになる。

主要穀物の種子が企業に開放されると以下が懸念される。

①優良品種の種子を四~八倍の価格で購入しなければならなくなる。三井化学「みつひかり」、住友化学「つくばSD」、日本モンサント「とねのめぐみ」は、公共品種の四~一〇倍の価格

である
②みつひかり等は一世代限りのF1なので、毎年種子を購入しなければならない
③農家は企業と契約し、肥料や農薬の全購入が義務となり、収穫した米を他に出荷できない
④国産一〇〇%だった野菜の種子は今では九〇%が海外生産であり、主要穀物の種子は現在すべて国産だが、それが危うくなり食糧安全保障の危機につながる
二〇一四年の世界商品種子市場は、モンサントを筆頭に上位七社で七八%をしめている。

農業競争力強化支援法八条四項により、これまで日本が蓄積してきた米等の原種、原原種、優良品種の知見を、すべて企業へ提供することになっている。すでにメキシコの農家はトウモロコシ、フィリピンの農家は米のロイヤリティ（特許権料）をモンサントなどに払い、日本政府は譲渡先をモンサント等外資も除外しないと答弁しており、いずれ米農家も日本の原種なのに外資へ著作権使用料を支払うかもわからない。

モンサントは既に日本のコシヒカリでの除草剤耐性のある、農薬のラウンドアップ（グリホサート）の遺伝子組換え作物（GMO）を一九九九年に開発し、実験圃場《ほじょう》で試験栽培を始めている。他にも二〇〇一年に愛知農業試験場と共同研究を始め、愛知式不耕起乾田直播「祭り晴」での除草剤GMO栽培に成功し、水に弱いグリホサートの難点を克服した。飼料用米としてGMOによる多収の種子も用意するなど、日本はGMO承認大国になっている。

生協にも影響する農の変化

ＧＭＯによって酸味を甘味に変えたトマトを筑波大学と理化学研究所が開発し、鮭や小麦などのＧＭＯ食品が輸入されても、その表示もできなくなる可能性が高い。

日本の現行法制度では、ＧＭＯ食品の輸入は原則禁止で、同時に五％以上の混入は表示義務があり、例外として食用油と醤油がある。ところがＴＰＰ協定第二章では、一九条に「現代のバイオテクノロジーによる農産物、魚、加工品」とあり、二七条八項では「ＧＭＯ農産物の新規承認を促進する」とある。ＴＰＰ協定でのＧＭＯ食品の表示については、中央政府による強制規格に該当し、第八章七条「強制規格はモンサントなど利害関係者の意見を聴取し、それを考慮」しなければならず、日本独自の表示を決められなくなる。日米ＴＰＰ並行協議による交換文書では、強制規格等について作業部会が設置され、新しいノンＧＭＯの表示はゼロでないと表示できなくなりそうである。

ＴＰＰ協定第八章六条で、日本で牛肉や豚肉に国産表示をすれば、外資食肉企業から日本政府はＩＳＤ条項を武器に損害賠償が求め訴えられ、野菜や果物なども産地表示ができなくなる危険性がある。包装された食品に関する付属書では、「商業的な利益をもとに正当な目的を達成するために必要なもの」に限定し、新潟産コシヒカリや「化学肥料を使っていない」などの表示はできなくなる可能性が高い。

米韓ＦＴＡでは、韓国内の産地業者と米国業者を学校給食で差別できなくなり、地産地消の学校給食の条例も制定できなくなっている。

種苗法の運用で農水省は、省令で自家採種の品目を、キャベツ、なす、トマト、西瓜、メロン、キュウリ、大根、人参などのメジャーな野菜にまで広げようとし、これまでの自由な自家採種ができなくなる怖れがある。さらに種苗法に違反すると、懲役一〇年で一千万円以下の罰金となり共謀罪の対象にもなっている。

ところで小農民と農民の種子の権利は、日本も批准した食料農業植物遺伝資源条約で守られているし、アメリカでは小麦の種子の三分の二が自家採種で、種子を購入する場合は、カンザス州立大学やテキサス農業試験場にて、生産認証された公共品種を求め栽培している。カナダでは八〇％が自家採種で残り二〇％は公共種子で、オーストラリアの小麦は認証品種が五％で九五％を自家採種で栽培している。このため日本も、欧米並みに公共品種を守る新たな法律が必要であり、すでに二〇一八年になって埼玉、新潟、兵庫で種子条例が制定され、山形や北海道でも近く案提する動きになっている。

日本は国として、①食糧自給率の達成、②食の安全を守る、③国境や国土の環境保全を達成などしなければならない。その為の政策が必要で、たとえばヨーロッパ各国が農家収入の六割～九割を国の助成金で賄っており、日本も戸別所得補償の導入が課題である。弱肉強食の市場競争ではなく、たとえばスイスでは卵一個八〇円とか、カナダでは牛乳一リットル三〇〇円で売られており、日本も農協など生産団体と生協の制度的な連携による流通制度の見直しが必要である。

休憩後にまずは後援してくれた六団体の代表から、それぞれ関連した学習会などの取り組みの紹介を受け、さらには生活クラブ生協連合会と「たねと食とひと@フォーラム」からも発言があり、四時半まで活発な意見交換をさせてもらった。

今回は大切な政治のレベルの話が中心となった。日本の農と食を考えると、政治の他にも生協と生産団体で実践できることや、さらには個人や家族での課題がいくつもあり引き続き考えたい。「種子が消えれば食べ物も消える。そして君も」は、スコウマンの名言である。日本国憲法第一二条では、「国民に保障する自由及び権利は、国民の不断の努力によって、これを保持しなければならない」とある。私は司会をしつつ、志のある人との連携をより進めることによって、困難は多いが日本の農と食を国民が変える可能性はまだいくつもあると強く感じた。

②生協産直を考える

二〇一九年五月号

「生協産直の未来構想～生協産直の現実を直視し、新たなステージに向けた挑戦課題を考える～」のテーマで、二月二二、二三日に日本生協連は、第三五回全国産直研究交流会を都内で開催した。産直事業に関わる全国の生協の役職員・組合員・生産者団体・関係企業など三二七人が参加し、活発な議論があった。

五年ぶりとなる二〇一八年実施の第一〇回全国生協産直調査の分析をふまえ、産直事業委員会で議論した「生協産直への提言」をはじめ、各委員の問題意識や紀ノ川農業協同組合とコープかごしまの貴重な実践報告もあった。

二日目は、①持続可能な農業と地域づくりにチャレンジする、②改めて産直の交流の可能性を考える、③地域・産直産地との新たな連携をつくる、④産直産地・地域の力を引き出す商品開発、⑤生協はアニマルウェルフェアにどう取り組むのかの五つの分科会において、実践報告がいくつもあり論議を深めた。

私は久しぶりの参加で、全国の生協における産直の現状や課題などについて、いくつも学ぶことのできた有意義な場であった。組合員の求める生協産直へさらなる発展するためにも、私なりに気になった考えを触れさせてもらい、各地での活発な議論につながってほしい。

生協のとらえ方

生協産直を考えるときに、生協をどう認識すればよいのかまず問うべきだろう。産直調査の対象が、日本生協連会員の事業高六〇位までと、または各都道府県で供給一位の計六二生協を対象とし、回収は五八であり、事業連合を含めて大規模の組織中心のデータとなっている。このため参加者に、小規模生協はいなかった。たしかに全国一三二ある地域生協の供給高の構成比からすれば、今回の調査データで大半をカバーし、全体の傾向をみるには有効だろう。

しかし、中小の生協は事業規模が小さくても、大規模生協とはまた異なった理念で、それぞれの役割りを発揮しているから存在している。

生協を小売業の一つと把握し、商品の介在を中心にして在り方を考えるには、供給高の大半を占める大規模生協の動向をみることは意味ある方法の一つだろう。それでも生協を顔の見える人と人の互助組織と位置付けると、規模にはあまり関係なく、どれだけ生協の掲げた理念に沿った運動や事業を実践しているかがポイントとなる。

生協法第一条では、国民の生活の安定と生活文化の向上が社会から求められている生協の目的であり、規模はあくまでも目的を達成させる手段の一つである。全国に一三二ある地域生協は、それぞれの歴史があって独自の組織文化を培って今日があり、どれも同じではない。そのため「生協は一つでなく、生協は一つ一つ」と表現しても良い。もちろん生協法で定める最低基準はあるが、それ以外においては多様な形であっても不思議ではない。

産直のとらえ方

生協では産直三原則（①生産地と生産者が明確、②栽培と肥育方法が明確、③組合員と生産者が交流）と、産直五基準（①組合員の要求・要望を基本に多面的な組合員参加を推進、②生産地、生産者、生産・流通方法を明確、③記録・点検・検査による検証システムを確立、④生産者との自立・対等を基礎としたパートナーシップを確立、⑤持続可能な生産と環境に配慮した事業を推進）を柱にして取り組みを発展させてきたし、これからも大切な指針となる。組合員の食生活を応援するため、構成比の高い産直のどこまで生協が組織的な責任を持つのかを明確にすることは、今後の生協の事業にとっても大切なことである。そのため今回の「生協産直への提言」においても、「（一）生協産直と産直の目的をあらためて定義する」としている。

ところで産直の定義をするためには、産直に関わる生産者・組合員・生協の価値観を一致させないと、せっかく創ってもあまり事業に効果的でない。中小の生協であれば、関わっている人数も比較的少なく、同じ価値観を持つことはさほど困難ではない。

ところが大規模で一〇〇万人単位もの組合員となり、また対象地域も県をまたいだりすると、主体である組合員の要求が多様化し、価値観を一つに統一することが難しくなる。国民の間で経済格差が広がり、低所得者層では安価を希望し、他方でゆとりのある層では安心・安全の品質にこだわることが強くなる。

ともあれ価値観が異なる層の組合員の要望に応えて多様な生協があるように、産直もいくつものパターンがあっていい。もちろん生協の基本があるように、生協産直を支える理念は明確にする必要はあるが、それをベースにすれば各生協において異なった形で定義して十分だろう。

プラットフォームとは

提言では、「二『生協産直とは何か』～生産者と消費者が協同して課題解決に取り組むプラットフォーム～」としている。言いたいことは分かるが、何か私はしっくりこない。プラットフォームとは、事業や情報配信などのために共通する基盤や環境を意味するが、かなり抽象的な概念であり、そもそも生協そのものがプラットフォーム的存在であり、この横文字が組合員や生産者の胸に生協産直のイメージとして落ちるのか疑問である。

あわせて提言では年代によって生協産直の変化を図式化し、①一九七〇年代半ばからの「産地・生産者、栽培方法が分かる産直」、②二〇〇〇年頃からの「たしかな商品をとどける産直」、③これからの時代は「持続可能性をめざす産直」として「産直三・〇」を提唱している。

このように発展してきた生協産直がどこかにあるにしても、そうではない現実がいくつも存在し、全体の傾向としてまとめて表現するのは無理がある。持続可能性を重視して当初から有機農家と連携している生協も多数あれば、同じ生協であっても商品や部門によって変化は大きく異なる。

五方よしの生協産直を

わざわざプラットフォームと表現しなくても、日本古来の経営哲学から引用することも効果的である。交流会第四分科会でコープおきなわの石原修さんが触れた、売り手よし・買い手よし・世間よしの近江商人の三方よしがその一つである。これに私は、働き手よしと生産者よしの視点を加え、五方よしを提唱している。売り手は生協、買い手は組合員、世間は社会、働き手は委託やパートを含めた全職員、生産者は産直品を生産・加工している人々を意味する。

この五つの視点で、各産直商品別の現状・あるべき姿・課題を関係者が協議し、それぞれができることから実践していくイメージである。

当日の資料で各部門の総供給高に占める産直の割合は、青果三一・五%、精肉三八・八%、牛乳四七・五%、卵六七・六%、米六〇・六%、水産五・〇%とのことで、各事業にとっても大きな構成比をしめ、それだけ組合員の期待も大きく、生協の取り組みのさらなる強化が求められている。

しかし、たとえば水産では、牡蠣やウナギなどの種や稚魚が、国内だけでなく海外でも複雑に変遷し、トレースが極めて困難なものも少なくない。このため商品について、生協が一〇〇%責任をもって産直品にするには課題が多く時間もかかる。

それでも不明な点は棚上げし、生協として組合員に対し添加物など責任もてる範囲を明確にして産直品にすることは可能だろう。要は組合員が理解し喜んで利用してくれる生協産直の構築であり、その形や方法は段階的に多様であっていい。

ところで生協の若い産直担当者が、「上司に言われたからこうしてほしい」と生産者に依頼することが最近は多くなっていると、ある中堅幹部職員が嘆いていた。結果として供給高や供給剰余に貢献することはもちろん大切だが、あくまで組合員のための生協産直である。

日本生協連での交流会だけでなく、全国の各地や職場や労組などでも、生協産直についての現状やこれからの在り方などについて、本音で自由な意見交換する場の広がりが大切である。交流会において自分のこだわりを実践報告した、コープかごしまの中山哲志さんやコープおきなわの石原修さんのように、生協組合員と生産者の間にあって、自らのロマンと仕事を熱く語る職員が全国の生協でもっと求められている。

③生協と地域づくり　組合員リーダーの役割は

青森県生協連　二〇一四年三月号

全国各地で高齢化や過疎化が進み、新しい地域づくりが大きなテーマになっている。そうした中で、青森県生協連が二〇一四年二月に開催した「二〇一三年度組合員リーダー研修交流会」において、私は「生協と地域づくり～組合員リーダーの役割は～」の表題で報告させてもらった。全国の生協にとっても大切なテーマであり、その要旨を伝えるので何かのヒントにしてもらえれば幸いである。

震災で何が問われているのか

第一に、過度の集中を進めてきた社会の在り方が問われている。富は大都市へ集中して地方の疲弊化が進み、若者は都市へ流れて地方は過疎化や高齢化した。また電力は原発へ集中して、再生可能エネルギーの開発が遅れた。

第二に、神話の崩壊で学問や科学の在り方が問われた。原発の安全や経済の継続した発展もあれば、科学は万能であるといった神話は、根底から見直す必要がある。

第三に問われているのは、地域社会や生協の在り方で、さらには一人ひとりの暮らし方も同じである。

これらを突き詰めると、キーワードは原点・分散・循環となり、部分的でなく総合的に考えることである。

被災地における地域づくり

被災地を地域づくりの特徴で北から大別すると、青森から宮城県牡鹿半島までのリアス式海岸地帯で、高台への集団移転がある。次に石巻市から宮城県南端の山元町までの平野部では、集落営農が進みコミュニティの地理的再編が広がりつつあり、福島県の放射線汚染地帯では避難や家族の離散状態が今も続いている。

どこも津波に被災した場所には住むことができないとしたため、かつてのコミュニティが崩れ、復旧や復興の大きな妨げとなっている。

その中で協同を大切にした復旧・復興が各地で進んでいる。

生協法と地域づくり

ところで生協の目的について生協法第一条では、「国民の自発的な生活協同組織の発達を図り、もつて国民生活の安定と生活文化の向上を期する」と明記しており、そこには組合員だけでなく国民のための組織であるとし、食料の日々の確保などの生活の安定と同時に、人間らしい豊かな暮らしにつながる生活文化の向上も目的にしている。

他方で最大奉仕の原則に触れた第九条では、「行う事業によって、その組合員及び会員に最大の奉仕をすることを目的」としている。この二つを読むと、事業は組合員のためであるが、社会貢献は国民のためにすることが生協の理念と理解することができる。

国際的にも確認している協同組合原則は、生協がその価値を実践に移すための指針であり、第七原則のコミュニティへの関与において、組合員が合意した政策を通じコミュニティの発展に参画することを強調しており、生協の地域づくりにもつながる。

地域の諸問題

世界有数の豊かと言われる経済大国になった日本が、地域を見ると①高齢化、介護、認知症、②人口減、過疎化、大都市への集中、③少子化、④格差社会や生活困窮者の拡大、⑤自殺、⑥交通、医療、教育、保育など公共サービスの低下、⑦原発による放射性物質汚染の拡散、⑧限界集落の増大など問題は多い。

生活困窮者の増加をみると、経済的困窮者では生活保護が一五八万八五二一世帯の二一五万八九四六人（厚生労働省二〇一三年七月）いて、所得が平均の半分以下の貧困率は増加し、二〇一〇年一人の所得は全国二八八万円に対し青森県は二三五万円である。

また社会的孤立も深刻で、引きこもりは約六九万五〇〇〇人（内閣府二〇一三年六月）いるし、小中学校の不登校は約一一万人（文部科学省　二〇一一年度）となっている。

こうした貧困、引きこもり、障がい、疾病、非行・犯罪、失業、家族問題、介護、ＤＶなどが、一人に一つでなく複雑関連し複合化している。

健康な地域づくりのすすめ

目指すのは健康な地域づくりであり、ＷＨＯによる健康の定義には、肉体的、精神的、社会的な視点があり、生協の地域づくりでも大切である。

そこで介護、子育て、自然、防災・防犯、文化・教育などにおいて、どんな地域にしたいのかイメージを皆でまとめることである。そこは夢の共有であり、一人で見る夢は夢で終わりやすいが、皆で見る夢は実現の第一歩となることを理解すると効果的である。

次に家族、近所、有志、生協、行政、ＮＰＯなど、誰と何を協同するのかである。

生協の事例

みやぎ生協「こ～ぷのお家いしのまき」には四〇坪の地域交流サロンがあり、心豊かで健やかな暮らしのお手伝いや、優しさと思いやりを持った人づくりのお手伝い、触れ合いとぬくもりのあるまちづくりの手伝いをしている。そこには「こ～ぷサロン講座」「松島医療生協の無料健康チェック」「国語クラブ」「小学校と交流」「こ～ぷのお家夏祭り」「こ～ぷのお家いしのまき文化祭」などがあり、地域づくりに貢献している。

いわて生協では名実ともに責任を持つ葬祭事業として、「セリオホールみやこ」が二〇一一年の震災直後に開始し、現在七ヵ所で展開している。岩手県内の五生協が合併して三年がたった一九九三年に、モノや金の万能主義に棹《さお》をさしながら、心豊かな暮らしの創造や、ゆりかごから墓場までの地域を目指し、生協の総合的な事業の夢を一〇万人の組合員と語りあって葬祭事業の基礎を作った。

コープみらい埼玉県本部では、震災直後から双葉町出身者約一四〇〇名が埼玉県加須市の旧騎西高校へ避難してきたので、近くの生協の店で食材を揃えボランティアで準備し、個配のトラックで運び避難所で調理し配膳してきた。

福井県民生協では、宅配サービス・店舗・子育て支援・高齢者介護、移動店舗、買物代行、お買物バス、夕食、介護食、医療食の配達、くらしの助け合いの会、ＣＯ・ＯＰ共済を、地域毎で有機的につないで地域に貢献している。

医療福祉生協の地域づくり

愛知県の南医療生協では、組合員を主体にした地域づくりが積極的に進んでいる。

グループホームなもでは、高齢化の地域で安心して入居できるグループホームの開設をめざし、必要性を語り事業所にする空き家を見つけ、費用の一〇〇〇万円も地域の組合員で集めるを合言葉に取り組み実現させた。

二〇〇八年に開設した「のんびり村」は、八〇〇坪の敷地にグループホーム、デイケア、地域交流館、多世代住宅、食堂などがある。

二〇一五年四月開設予定の八階ビルの「南生協よってって横丁」では、地域のつぶやきを集め作る、まざり合いの明るいまちづくりをテーマにしている。

おわりに

こうした生協による地域づくりを進めるために、以下が大切である。

第一に要求追求から要求実現への発想の転換で、行政や誰かにお願いするのは限界があり、自らが同じ思いの仲間と共に実現へ向かうべきで、夢は子どもに託すのでなく自ら求めるものである。

第二には、今あるものの活用で、人・物・知恵・施設・備品・金・文化・自然・ネットワークなど、宝物は足元にある。

第三に変革の主体は私にあり、無限の可能性を秘めた個人の力を活用することである。

第四には、どんな社会になっても生きぬくことで、そのためには人類の英知である協同がますます大切になる。

第五には、できる範囲から仲間と実践する私の地域づくりで、顔のわかる地域で「私は仲間のために、仲間は私のために」がキャッチフレーズになるし、沖縄の助け合いである「ゆいまーる」の考えを示す人為我為《ちゅだみどうだみ》の精神が輝く。

④生協と生協人の在り方を考える

二〇一八年一月号

シンポジウムの開催

二〇一七年一一月二五日の午後に都内で、「生協と生協人の在り方は？　大阪いずみ市民生協問題（いずみ問題）二〇年目に考える」をテーマに、実行委員会でシンポジウムを開催させてもらった。二〇年前に大阪いずみ市民生協（いずみ生協）において、当時の副理事長による巨額の私物化やいくつものセクハラなど、生協として許しがたい暴挙が数々あった。これらに対し職員三人が内部告発し、それに理事会は二名に解雇と一名に長期自宅待機で応えた。事実が公になって告発者の三人を支援する動きが拡がり、私はその全国組織の事務局長として動いた。

裁判は画期的な勝利をおさめ三人は職場復帰し、日本生協連が動き全国の生協でガバナンスの整備が進んだ。しかし、いくつもの課題は残されたままであり、二〇年後になっていずみ問題を風化させず再確認し、今後の生協と生協人の在り方へ引き付けた意見交換をして、国民や社会の求める生協や生協人について一緒に考えることにした。

賛同してくれた沖縄や九州を含め五二人もの参加で、熱気ある議論をすることができた。

いずみ問題とは

まず一時間半は、告発者の三人や当時のちばコープ高橋晴雄理事長から、いずみ問題とはいったい何であったのかリアルな報告を受けた。

告発者の内田一樹さんから、「いずみ生協での内部告発とその後の経過」として三〇分話してもらった。独裁体制と非人間性を目の当たりにし、しかし面従腹背の日々で私物化はどんどん増長して、このまま働き続けることは自分の人間として生きる否定になるので決意した。そこで一九九七年五月に、「いずみは何のため　誰のための組織？　その組合員への背信行為の実態」との告発文を、総代五五〇名、理事・監事、大阪府、日本生協連に郵送し、私物化の実態と生協としてのあり方や、いずみ再生の道を呼びかけた。

これに対し理事会は、「告発文書はねつ造、歪曲」との文書を全総代に配布したため、三名は大阪地検へ告発して裁判が始まった。一九九九年六月に仮処分裁判は勝利し、解雇は無効で内部告発は正当であることは認められたが、理事会は反省せず自宅待機損害賠償訴訟へと発展して裁判が続いた。

全国的な支援が広がり、「梅渓・坂田・内田さんの人権と生活を守る全国連絡会」は、一九九九年に三〇組織で八〇二四人にもなった。

この動きは、二〇〇二年にNHKクローズアップ現代「不正を正すために内部告発と企業倫理」でも取り上げられ、二〇〇四年に公益通報者保護法が日本で発布することにつながった。

こうして損害賠償訴訟は二〇〇三年六月に勝訴した。

告発者の梅渓健二さんは、絶望から大きな闘いを経て私の宝物となり今は爽快感もあるが、あんな終わり方で良かったのか疑問であると触れ、坂田明さんは、いずみ生協は本来の生協に再生してなく、組織は腐敗し権力は暴走する前提でのチェックが今後も必要と強調した。

生協における働き方は

「いずみ問題を通して生協における働き方を考える」として、私は三〇分間触れた。

日本での働き方は、戦後にアメリカを模倣して経済合理性を最優先し、経済成長を支えるため低賃金、長時間労働、男女の賃金格差、パート、派遣労働、低賃金の海外への依存を強めた。そこでは本人とその家族の人間的な生活を保障する給与にならず、労働権の無視が広がり、搾取や基本的人権軽視の構造的暴力が拡大し、生協における働きにも当然影響し、その極端なケースがいずみ生協に現れた。

第一にトップや幹部の変質である。倫理観や謙虚さの欠如で生協法・定款・総代会決議から逸脱し、吉本隆明が指摘した共同幻想に生協も該当することを証明した。供給高では創業時一九七四年の一億円が、一九八四年に二二九億円で一九九七年には五四七億円と、急速な拡大によって自信過剰となった。また経営ファッショとなり、搾取、抑圧、基本的人権無視の構造的暴力を広げ、トップの顔色しか見ないヒラメ化した幹部が増えた。

第二に思考停止した職員で、大半が副理事長の生協私物化を黙認した。上からの指示待ちの従業員ほど楽だが、その中でも三人は人生を賭け信念に基づき内部告発をしたことを忘れてはならない。

第三は、態度を曖昧にした労組の問題で、三人は相談したが応じず体制を擁護したことは、労組も共同幻想であるといえる。その中でも中堅幹部による管理職労組が誕生し、二〇一五年に解散したが画期的であった。労組のさらなる役割発揮のためにも、管理職労組作りは課題の一つだろう。

生協における働きの課題では、まず生協法に基づいて働くことであり、第一条目的の「（略）国民生活の安定と生活文化の向上を期することを目的とする」に即すことである。食や経済的保障などに関わる仕事を生活が安定する経糸《たていと》とすれば、暮らしを豊かにする生活文化関連の仕事を緯糸《よこいと》とし、生協での仕事が面となって組合員の生活を支えることである。

次にどこまでもやりがいのある楽しさを求めることで、そこにはデザイン力が必要になる。変革の主体は私と自覚し、商品やサービスを通した関係性の中で仕事の役割りを発揮し、信頼創りを多方面に高めていく。各々の働きが地域共生社会の実現に貢献し、一度しかない人生を悔いなく歩むことが一人ひとりに求められている。

問われた課題

続いて「いずみ生協で問われた課題」として、日本生協連矢野和博前専務が三〇分間話した。一九七〇年から八〇年代に生協は急成長したが、一九九四年に全国で前年割れし、釧路市民生協やコープさっぽろの経営破綻もあれば、練馬生協や下馬生協の解散など各地で経営の困難や混乱がいくつも露呈した。そうした中でいずみ生協事件も発生したので、個別な特殊問題では決してない。いずみ生協事件の深刻さは、トップの独裁・腐敗・私物化の酷さであった。研修センターやハワイで所得した別荘の私物化もあれば、職員の昇給試験にトップ語録を採用するなどがあり、いくつもの醜聞は新聞や週刊誌によって全国に流れ、反面教師として各地の生協への警告にもなり、あわててゴルフ会員権の売却などが続いた。

ガバナンス（統治）の課題では、生協では少額出資のため経営への牽制機能が株式会社に比べても弱く、またＣＯＯＰ商品が買えれば良いとか、生協がなくなるのは困るといった組合員の意思をどう反映させるかである。そこで機関権限と牽制機能の明確化や、員外役員・外部監査・書類閲覧など外部監視機能の強化が必要で、公認会計士や役員の交代制も重要である。

職員と特に労組による理事会への牽制機能の役割りを強めることが大切で、そのためにも日常の職場運営における民主性を確保する点検がポイントになる。

この二〇年間の変化では、①新自由主義と株主や投資家優先で、格差の拡大や政治の右傾化、②組合員が班から個人に、③非正規や子会社や外部委託の労働の増加、④事業連合機能の拡大や広域大型合併があった。こうした動きに対応した制度の整備と、倫理を備えたリーダーの育成が必要である。

トップの腐敗や堕落は、生協の原点を自覚しない取り巻きによって短期に進行し、成長期からの転換期にいずみ事件は起こった。消費税の増税や都市部の人口減もあり、二〇二〇年のオリンピックが終わった後に、景気が一気に悪化するので生協にも影響し、経営危機が進む中で新たな不祥事の発生が懸念される。いずみ事件を風化させてはならない。

休憩の後は五時まで質疑応答や議論の時間とし、各地の生協役職員だけでなく、生協に寄り添う弁護士や学者も率直な意見交換をすることができた。

社会が大きく変化する中でも、生協や生協人として決して揺るがしてはいけない哲学が求められている。そのためにもいずみ問題など負の遺産を決して忘れることなく、今回で終わりとせずにこれからも生協や生協人の在り方を考えていくことに繋げたい。そこで当日の報告書をきちんとまとめ、参加できなかった人にも伝える準備をしている。

⑤ドラッカーとフランクルの思想も生協に

二〇一八年三月号

一月中旬に都内の大学で開催となったある研究会で、生協の社会的な役割をより発揮するため、これまでの協同組合の枠を超える必要があり、そのため近代経営学を作ったピーター・Ｆ・ドラッカー（一九〇九～二〇〇五）と、心理学のヴィクトール・Ｅ・フランクル（一九〇五～一九九七）の思想に学ぶことを私は強調した。

日本にはドラッカー学会があり、使命や社会などに応じ組織がどうマネジメントすべきか研究している。そうした取り組みと、組織の中で働く個人の内面をさぐる心理学を重ねることは以前からおこなわれ、ドラッカー自身も欲求五段階説で有名なマズローと会って意見交換をしている。

その流れもあってか最近のドラッカー学会では、ナチスによる強制収容所を生き抜いたフランクルの思想をドラッカーの考えと重ねる議論が一部で始まっている。

それぞれの幸せを実現するためには、組織のマネジメントが必要としてきたドラッカーの思想に、同じ目的のため自らの生きる意味へ、各自が応える心理面を強調するフランクルの思想は共通性が高い。組織だけや個人の心理面だけでカバーできない分野を、相乗効果によって同じ目的へ近づくことを期待している。

ところで生協を含む協同組合の在り方については、戦前の賀川豊彦を含めて何人もの先人が理論展開し、その時代ごとに運動や事業を発展させるため、貴重な役割を果たしてきたことは間違いない。しかし、生協だけでも国民世帯の約三分の一を組合員に組織し、供給高は三兆円をはるかにこえる大規模となった今日、リベラル・アーツ（実践的な知識・学問の基礎）としてドラッカーが体系づけしたマネジメントの理念を、生協の中にきちんと位置付けることが大切である。また組合員の幸せを求め実現するためには、絶望の中でも生き抜いたフランクルの思想も一つのヒントになるだろう。

組織のマネジメントを通して人々の幸せを願ったドラッカー

第一次世界大戦前にオーストリアのウィーンで生まれたドラッカーは、ギムナジウムを卒業後にドイツへ移り、働きながら大学で勉強する。金融の記者もしたので、ヒットラーにインタビューするなど政治の動きを観察して社会の危険な動きを察知し、二八歳の時にアメリカへ移住してから処女作『経済人の終わり』（一九三九年）を出して、全体主義であるナチズムやスターリンの社会主義を強烈に批判した。

そのうえで個人を活かす組織として企業に期待し、内部の聞き取りを基にしてマネジメントの総合的な構造をはじめてつかみ、『現代の経営』（一九五四年）や事業戦略を解説した『創造する経営者』（一九六四年）もあれば、マネジメント論を集大成した『マネジメント』（一九七三年）へとつなげ企業社会の発展に貢献した。

この頃になると個人の働きに応えている企業だけでなく、コミュニティへ積極的に関わっている非営利組織にもドラッカーは期待を広げ、ＮＰＯなどのマネジメントを扱った『非営利組織の経営』（一九九〇年）や、二一世紀のマネジメントに触れた『明日を支配するもの』（一九九九年）をまとめた。

ドラッカーは、社会の機関であるとしたあらゆる組織を、個人や社会の幸福を満たす存在にしたいと願い、その使命を達成し成果を上げるための手段がマネジメントであると位置づけた。その基本構造として、顧客の創造↓企業の目的である使命↓達成させる道具・機能・機関であるマネジメント↓達成させる方向性を示す戦略↓達成のためのマーケティングとイノベーションへつながる重要な流れを明らかにした。

マネジメントというとすぐに経営数値や労務などの個別の管理をイメージしやすいが、それはあくまでドラッカーが提唱する一部であり、まずは顧客創造や使命の明確化が前提にある。生協であれば組合員の豊かな生活の創造であり、また生協法の第一条目的に明記している生活の安定と生活文化の向上で、それに対して供給高や剰余金などの管理は、あくまでも生協経営の一つのバロメーターであり手段である。例えば店長や職員を子会社として働かせるなどし、人件費をおさえて経営効率を上げている生協が高い評価を受けたりしているが、生協の使命の基礎にある助け合いの協同組合思想からすると、手段と目的を混同しており一考を要すると私は考える。

心理面から個人の幸福を願ったフランクル

ドラッカーとほぼ同じ時代を生きたウィーン生まれのフランクルは、ナチスによる強制収容所で二年七ヵ月も過酷な体験をし、絶望の中でも自らの生きる意味を明確にすることが、精神保健にとってどれほど大切か気付き、生き延びる独自の理論を確立した。それまでの心と体のみを分析する心理治療法では、人間の本質的な問題に対処しきれず、心と体を超越する精神力を強化し、初めてその人らしい生き方が可能になることに気付いた。これをロゴセラピーと名付け、高齢化、教育、人間関係、うつや自殺など様々な危機状況にも対応できるようになった。ギリシャ語で意味や理論をあらわすロゴスと、心理療法のセラピーをあわせた造語のロゴセラピーは、人に特有な精神を第一義的と位置付け、本能的な心を第二義的とし、人間は欲望や社会的な力への意志などに影響されつつも、心のより深い次元の精神を通して、自らの自由意志によって責任ある決断をし、人生の意味や価値を追求するとした。

強制収容所から解放後にフランクルが、体験を理論化して書いた世界的なベストセラーが『夜と霧』（一九四六年）で、我が国でも以前から広く読まれ東日本大震災後に読者がより増えている。

ところで人間の行動し生きる原動力について、何人もの心理学者が自説を展開しており、代表的なところでは精神分析学を創始したフロイトは生理的な欲望とし、欲求五段階説で有名なマズローは社会的な権力を位置付けた。

これらに対してフランクルは、各自が人間らしく生きる意味を行動源にもってきた。それも一般的に人々は、金持ちになりたいとか健康で長生きしたいなどと、人生に対して人から期待するが、フランクルは逆に人生から個人が何かを求められており、それに応えることが何よりも大切とした。どんな人でもどこかの誰からか、もしくは何からかきっと期待されており、それを具体的に見付けて真摯に応えていくことこそが人間らしい人生であるとした。人間の感情レベルでの心は、自らを司る精神的な次元へと続いて自身の生きる意味を問うているとし、物事の諦めや生きることの放棄もあれば苦難からも意味を引き出すことができるとして、精神力を使い総合的に生きることを強調している。

このロゴセラピーの理論では、どんな時にも人の行為には価値があるとし、第一に創造や仕事で生産する創造価値、第二に自然や芸術の美を感じる体験価値、第三にどのような逆境の中でも自らの判断による態度価値をあげている。こうしてみるとどんな障がいを持っていても、人それぞれの行為には必ず大切な価値があり、そのことを互いに認め合えば素敵な仲間やコミュニティができる。

苦境に直面してもそれに耐えて乗り越え生き延びる能力であるレジリエンス（復元力）は、生活する全ての人々にいつの時代も求められている。そのため強制収容所の体験記からフランクルは、第一に眼の前の現実を笑い飛ばすユーモア、第二にそれは本当かを問いつめる好奇心、第三に人間の無限の可能性を知る驚きの三つの情緒があるとした。

研究対象は異なる二人だが、心理面だけでなく精神的次元で各自が持っている能力も使うことの大切さを説き、一人ひとりが生きる価値と意味と目標の明確化や、本物、誠実、責任へのこだわりを強調したことは共通する。

現在や将来の組合員を含めた全国民の生活と生活文化は、以前に比べれば豊かになっている面はもちろんあるが課題も多い。日本の高い貧困化率や自殺率などは、生活と生活文化が追い詰められていることを物語る。役職員と組合員を含めた国民の生活の安定と生活文化を生協の視野に入れると、ドラッカーとフランクルの思想の咀嚼《そしゃく》も大切である。

⑥生協の産直と生産者への期待

二〇一九年四月号

二〇一九年二月中旬に、生協と長年産直でつながっている千葉県のある農産物生産者団体で、「生協の産直と生産者への期待」のテーマで私は話させてもらった。主催者からは、農家をぜひ元気づけてほしいとのことであった。米価の低迷で農業は収益が悪いとか、農家の高齢化や跡継ぎ不足が言われて久しい。さらに最近はＴＰＰへの加入や種子法廃止など、農家への逆風がより強まっている。こうした中で生産者が元気になるにはどんな話をすればと迷ったが、ジャーナリストとして東北各地の被災地で農業の復興を取材しているし、また日本科学者会議食糧問題研究委員会の一員で調査や議論をしており、私なりの話をさせてもらった。

私の問題意識

私は、一九四九年に高知で産まれ、実家の農家を継いでいる三歳下の弟は、五〇世帯ほどの集落の稲刈りと脱穀をしており、弟が働けなくなると集落の米の生産がどうなるか心配だ。

日本社会をみると、癌での死亡が国民の二人に一人とか、アトピーも増え、食糧自給率がカロリーベースで三八％など、以前と大きく異なり何かおかしくなっている。各国の歴史は、国民の安全と食糧を確保できなくなったとき、その国家は滅ぶことを教えている。食糧の六割以上を海外に頼り、かつ二〇一五年には安全保障関連法との戦争法を強行採決した我が国は、かなり危険な道を歩んでいるといえる。

こうした混沌とした時代の私のこだわりは、理論や主義を基にする「べき論」でなく、現実から出発して在り方を考えることである。

生協は今

生協産直を考える前に、まずは生協についてである。誰もが生協とかコープと普通に呼んでいるが、生協とは何かと聞かれると返答に困る人は多い。全国で生協は年間の売り上げが三兆円あり、地域生協の組合員は二二〇〇万人で、世帯数では国民の三分の一を組織している。

生協ではよく、「一人は万人のために、万人は一人のために」のスローガンを使い、互いに助け合う理念を強調している。古代ゲルマン民族の諺で、小さな集団で顔のわかる仲間との助け合いを意味し、見ず知らずの万人との連携では本来ない。そこでこの諺は主語を入れて、「私は仲間のために、仲間は私の為に」がいいと私は思う。協同の原点は、顔のわかる仲間と私との助け合いである。

生協の説明は、準拠する生協法を使うと説得力があり、生協法第一条目的に、国民生活の安定と生活文化の向上とある。対象は国民で将来の組合員を含むと理解することもでき、広く国民のための組織であることが生協法で求められている。

その生協は、全国に一三二ある地域生協で二極化が広がっている。最大のコープみらいは、組合員三四〇万人で年間供給高は三九〇〇億円あり、職員は正規三〇〇〇人とパート一万人が働いている。県民世帯の七五％を組織しているみやぎ生協では、ＪＡや大手コンビニと共同した店舗を複数出し、組合員の暮らしや地域づくりを応援している。

これに対し規模拡大よりもその生協の理念にこだわり、組合員が数千人から数万人といった中小規模の生協も各地に点在し、各役割りを果たしている。農産物では特定の産地と連携し、土づくりや有機農業に特化するなどの特色を出し、大規模生協との差別化を進めている。

つまり生協は一つでなく一つひとつなので、詩人の金子みすゞが詠ったように「みんなちがってみんないい」状態である。

地域生協の課題は、格差社会がより進行する中で食生活の安定のため、引き続き安心安全で新鮮な農産物を、組合員が利用しやすい価格と方法で継続し提供すること。生協が大きくなれば、一般の小売業との競争が激しくなり、特に店舗事業がそうである。

生協産直は

いろいろな生協があるように生協産直も多様で、産地直送や産地直結などの略として、それぞれの生協が独自の定義をしている。一九六〇年から一九七〇年にかけて我が国では、全国の農山村から都市へ若者の民族大移動があり、都会の近郊に団地が多数できた。それに生鮮食料品の販売ルートが追いつかず、各地で子育て中の母親を中心に、新鮮な野菜や牛乳や卵で近くの生産者と取り引きがスタートした。規模が大きくなると母親たちによる手作業では扱いきれなくなり、生協ができてきた。

地域生協の取引高において産直は、日本生協連の調査で青果三二%、米六一%、卵六八%をしめるなど高い構成比となっている。

同じ組合員でも、若いほど生協産直に対する関心は低く、また宅配事業組合員より店舗組合員は産直へのこだわりが少ない傾向にある。こうした層にも生協産直のメリットを、理解してもらう新たな工夫が重要で、そのため産直では、農産物の安心安全面だけでなく、生産者が生活文化で工夫し楽しんでいる情報も流すと効果的だろう。

ところである生産者団体では、生産者の高齢化で扱う農産物がいずれ減少したとき、納品先をどこからカットするかリストを作っていた。それを見たとき驚いたのは、生協は細かい一方的な要望が多くて生産者の対応は大変なのに対し、ローカルスーパーは文句が少ないので、各地の生協が削減対象の上位になっていたことである。全ての生産者団体ではないだろうが、各団体と対等な共存協力関係をしているか生協での点検が必要なところもあるようだ。

生産者への期待

国民の健康を維持する大切な農業の守り手であるにかかわらず、農家の社会的評価は残念ながら高くないが、意義ある仕事を皆さんはされており、ぜひ自信と誇りを持ってほしい。そう言われても現実の農業経営は厳しく、後継者や嫁の不足で困っていると反論する人もいるだろう。

それでも四季や野菜など日々に自然と触れあう農業に、魅力を感じている若者のいることも事実である。二〇〇九年に小売業大手のイオンが設立したイオンアグリ創造（株）は、全国に二一ヵ所ある三五〇ヘクタールの農場で六五〇人が働いている。女性が四割をしめる全職員の平均年齢は二九歳と若く、希望者が定員の一〇〇倍もいるほどの人気である。要は農業そのものに不人気の問題があるのでなく、長時間や重労働といった働き方などの労働環境に課題がある。ちなみにこの会社では、各農場にタイムレコーダーを設置して労働時間を管理し、環境負荷を減らすため食品の残りを肥料にして農場で使う完結型食品リサイクルを進め、二〇二〇年までにゴミゼロを目指すなど、生協でも参考にすべき取り組みがいくつもある。

農業以外にも、生産者の社会的な役割はたくさんある。荒廃の進む農村や里山や森林の守り手としてもそうだし、汚れる一方の水や空気の守り手もそうで、住民を明るく元気にするお祭りなど生活文化の守り手としての役割りもある。

もちろん安過ぎる米価など、社会の仕組みできちんと対応しなくてはならない課題はいくつもある。種子法廃止やゲノム編集を含めた遺伝子組み換え食品緩和への対応など、政治課題として政府の姿勢を正すことは国民的な重要課題となっている。

同時に農家の大半は自営業だから、自らの判断で実行出来ることも少なくない。ある生産者は、名刺や野菜の袋に「農業で地元地域を笑顔にします」と印刷し、耕作放棄地をいくつも活用して、地元の高齢者やお母さんなど一三人も雇用して元気に頑張っている。俳句の好きな方は、仕事の合い間に浮かんできた句を、携帯電話のメモに登録して時には発表して楽しんでいる。

農家でもいろいろな働き方や楽しみ方があり、それらを自己決済することのできる範囲の大きなことが、会社員や公務員などに比べて魅力である。

社会や組合員から求められる生協へ継続して発展するためにも、ますます地域づくりと暮らしづくりで役割りを発揮しなくてはならない。そのためにも生産者の皆様の知恵と力は大切で、これからも生協の良きパートナーとしてよろしくお願いしたい。

⑦生協らしさを考える

二〇二〇年三月号

二〇二〇年二月二二日に都内で、「生協の在り方を一緒に語りませんか」のタイトルで集いを開催した。その呼び掛け文は以下である。

「社会の変動がますます激しくなる中で、生協の在り方も厳しく問われるし、それを支える職員がどうあるべきかについても議論があります。生協の事業経営はもちろん大切ですが、経済優先の市場経済にこれからも対抗するためには、地域社会や福祉や職員の仕事などについて、生協ならではの大切な価値観がいくつもあります。社会が求める生協をさらに発展させるためには、こうした多様な価値観を生協内外に繋げていくことではないでしょうか。

ともあれ生協の原点を再認識しつつ、現場からの問題意識を互いに出し合いながら、これからの生協の在り方を一緒に考えたいものです。つきましては各自の問題意識を出しながら、私たちの力でこれからの生協の在り方を創りませんか。

目的：生協の現状についての評価を互いに出しつつ、これからの生協の在り方を考えます」

新型コロナウィルスにより都内でも各種のイベントは中止になっているが、こちらは予定した日程で開催し、一四時～一四時一〇分開会あいさつの後、一四時一〇分～一五時一〇分「生協らしさを考える」のテーマで日本生協連前専務理事矢野和博さんの問題提起を受け、一五時一〇分～一七時は参加者の自己紹介と意見交換をおこなった。

なお呼び掛け人は、千葉商科大学客員教授麻生幸、日本生協連前専務理事矢野和博、生協労連元委員長桑田富夫、私で各方面に案内させてもらった。

その概要を以下に紹介する。

生協らしさを考える

矢野さんから「生協らしさを考える」のレジメに沿って、いろいろと貴重な問題提起が以下のようにあった。

まず前提は、現役の生協リーダーが、困難な中で良く頑張っていることを認識することである。少し前まで事業経営をしていた時に比べても、進む少子高齢化によって市場は縮小して競争関係はますます激化し、CO・OP商品や産直品の優位性が相対的に低下していることも事実である。

組合員が支持して生協が先進的な事業モデルを成功させれば、一般企業がそれを真似るのは当然のことであり、生協の経営としては厳しくなるが、安心安全な社会全体のレベル向上に役立ったので喜ぶべきことである。

運動組織でみても政治社会の右傾化が進み、あわせて格差社会は拡大し労働組合や中産階層の縮小が続き、かつては生協組合員を拡大してきた組織労働者や中産階級市民の層が薄くなっている。

　こうした困難な状況の中でいろいろな課題が出るのは当然で、それでも生協の経営を維持し成果をあげていることは評価すべきである。

　昭和の頃の勢いがあった生協は、消費者運動の先頭に立ち、環境問題や原水禁運動などにおいて革新勢力の一翼であった。そこには問題の多い資本主義社会における経済状況の改革や、未来社会への準備であるとして取り組んできた。それでも市場経済を利用しつつ変化を促す事業であり、社会主義を目指す政党からは「ナマクラな生協はナマキョウ」と揶揄《やゆ》されることもあった。

　平成になると、新自由主義の下で資本が横暴し格差社会が進むなどして、いろいろな苦悩に生協も直面することになった。生協の組合員は、昭和二二年から二四年生まれの団塊世代が多くを占め、高齢化してその後の世代がうまく続かず、平均年齢は毎年のように高くなっている。また組合員は数では増えているが、以前は一家族で夫婦と子ども二人で計四人いたが、今は子どもが独立して高齢の夫婦の二人が多くなっている。このため世帯数でみる組合員は増えていても、実質的な人数は増えてなく、世帯へ配達する量や利用高は減少傾向にある。

　また宅配は、運転手不足による人員確保の課題もあれば、アマゾンの事業拡大など競争相手も強まりますます大変になっている。

　すでに日本の人口が二〇〇四年から減少傾向に入り、供給高が低下するのは当たり前になっていて、その環境変化を認めつつ、それでも真っ暗な闇だけにはならない経営を生協がすることである。

事業経営戦略の課題では、ＩＴ社会、人口減、国際化がキーワードになる。

宅配事業では、配達機能や銀行口座や購買データなど、生協が持っている強みをもっと活用できる。そのうえで、週一回配達の変更は、配達効率や計画的な購買の在り方を考え、また情報の提供や受注システムの改善が課題となっている。配達を週二回にすると、一回あたりの利用単価は下がってかかるコストは高くなるで、当面は週一回でいくしかないだろう。

宅配に比べて最初から競争の激しい店舗事業は、大半の店で経営がきつい。弱さを克服して生協らしさを出すためには、商品やシステムやマニュアルの整備と基礎力量の向上がまずは重要である。成城石井のトップは、「スーパーほど楽な事業はない」と言っており、生協において改善できる余地はまだある。

事業分野では、介護・新電力・農業参入などで、都道府県で環境は異なるから一律にはいかないが、拡大するチャンスはいくつもある。民間やＮＰＯなどの動きもあり、参入するのであれば早めにしないと時期を失って無理になる。

このような事業を展開するにも、高齢者や障がい者や外国人も含めた労働力の確保と、効果的な人材育成が大切で、すでに日本生協連の物流子会社シーエックスカーゴにおいて成果をあげている。あわせて日々加速するＩＴ化への対応もあれば、増大する貧困層や環境危機などへ、生協としてどう向かうのかも課題である。

連帯組織のさらなる役割発揮

こうした新しい課題に対しては、事業連合や日本生協連の連帯組織で挑戦し、必要な経費を使い実験することも大切だろう。

組合員の生協に加入する主な理由が、以前は安心・安全な食品の利用であったが、最近では安価に変わってきている。このため生協を維持するため、どんなモティベーションを掲げるかである。

これは生協職員にとっても同じで、以前とは異なった動機で働いている人も増え、生協の素晴らしさをどう理解してもらうのか工夫がいる。約七一万平方メートルもの土地にトヨタ自動車（株）が、さまざまなモノやサービスがつながるコネクティッド・シティを建設すると発表し話題になっている。生協も何か新しいことへチャレンジすることで、職員や組合員もやりがいを感じることにつながるだろう。

大学生協における経営の難しさは、入学式前後などの繁忙期に事業が集中し、かつ営業日数が年間で二〇〇日以下と少なく、また学生の組合員の入れ替わりが毎年のように続くことである。

生協の社会的な売りは、以前は商品の安心・安全であったが、どこの企業もそうしないと商品が売れないので同じことを強調している。そこで差別化するため今後の生協は、良心的と民主的な経営を打ち出すことだと考える。

このような中で民主的運営とリーダーシップがますます問われ、日本や世界で広がる新自由主義や株主至上主義への対抗としての、協同組合原則の意味を再確認することである。同時に専門的技術と知識もあれば、大衆的英知と常識の統一や、さらには地域的課題と全体課題の統一もあれば、「一〇〇人の一歩」と「一人の百歩」の議論も対立させずに深める課題もある。

若者を信じることは未来を信じることにつながるし、未来を信じることは若者を信じることにもなり、困難がこれからも続く生協の在り方についての答えは、若者が出していくしかない。

多様な意見交換

休憩の後で、参加者同士での活発な意見交換を続けた。テーマは、弁当宅配・ネットスーパー・店舗事業・大学生協において進む事業連合・連帯事業の在り方・組合員の参加・プラットホームとしての生協・協同の役割などと多彩であった。

三時間で何か結論を出すことはなかったが、生協の今後について現状から考える大切さを深めた。消費税増税や新型コロナウィルスで、生協を含めた日本経済の悪化が懸念される。生協の真価が問われ、どこにも教科書はなく、進路は生協人が自ら構築するしかない。

こうした議論を今後もしたいし、各地にもぜひ拡がってほしい。

⑧コロナと生協を考える1　中長期の見通しも

二〇二〇年五月号

新型コロナウイルス（以下コロナ）が世界中に蔓延し、三月一一日にWHOがパンデミック宣言を発信した中で、日本政府は七都府県へ出していた緊急事態宣言を四月一六日に全国へ拡大した。増える国内外のコロナ情報をマスコミは連日流し、国民の間に不安が広がり生協組合員も同じである。

そうした中で、組合員の求めに応じる生協の宅配や店舗などの各事業現場では、感染のリスクがありつつも担当者が日常業務をしっかり続けている。我が家へ配達してくれる若い職員にコロナの影響を聞くと、「配達戸数が増えてたいへんです」とのことで、私は「ありがとうございます」と頭を下げた。

全国各地の生協にも、社会と同じくコロナによる多大な影響が出ている。誰も経験したことのない状況が続き、緊急事態宣言は五月七日に解除となってほしいが、残念ながらその期待は難しそうだ。コロナ禍は、今から数か月や半年の後か、もしくはドイツ政府が想定する二〇二一年までかかるかもしれないし、さらにはかつてのスペイン風邪のように、一波が収束しても二波や三波と続く可能性がある。また人口密集度・年齢構成・産業・交通機関・天候などの諸条件により、感染の広がり方は地域で異なり多様な推移が予想される。

直面する短期の対応はもちろん重要だが、中長期の見通しも考える必要がありそうだ。人間の力ではどうしようもない不条理の中で、生協はコロナにどう対応すればよいのだろうか。

生協へのコロナの影響

地域生協では二月後半から未利用者や新組合員の注文が続き、日本生協連の発表で三月の供給高の前年比は、宅配一一四・二％と店舗一〇九・九％で全体は一一二・二％と大幅に伸ばし、中には二〜三割も増えた生協がある。利用単価よりも利用者数の伸びが高く、それだけ地域社会からも生協への期待が高まっていると評価できる。

しかし、いくつもの課題も出ている。急激に注文が増えたことにより、必要な商品の量が確保できず、食料品や生活消耗品の一部では欠品や点数制限が発生し、さらには搬送する体制や荷箱の手当などが間に合わず、混乱は四月下旬になってもまだ続いている生協がある。このため配達の現場では、組合員からのクレームに苦慮する職員もいる。

すでにいくつかの宅配センターや店舗でコロナの感染者が発生し、保健所の指導で作業場の消毒や店舗の一時休業をしている。注意をしていても社会の感染の広がりに応じて、残念ながら今後も生協でも増えていくことだろう。そうしたリスクの中での就労に対し、小売り業界での特別手当と同じく支給を検討している生協も出ている。

経営への悪影響が一番大きいのは、全国に二〇五ある大学生協である。三月の卒業式や卒業旅行が中止となり、また四月の入学式も中止や授業の開始が遅れるなどした。それも学生は登校しないオンラインや課題提出型の授業を五月までおこない、対面授業は六月か後期以降にしている大学が大半である。行政の自粛要請を受け閉門した大学では、全ての店舗を休業した生協もあり経営が極めて困難になっている。これまでの合理化でパート化率は高く、閉店時のパートの休業補償もあり、資産の少ない大学生協がどこまで耐えることができるのか心配である。なおコロナに対応するためＵｎｉｖ．ＣＯ－ＯＰのマークを期間限定で変更し、「距離はとって、心でつながろう」と添え、協同を大切に乗り越えようと呼び掛けている。

医療生協においても利用者の感染が出て、診療を一時休止したところがある。コロナ感染を心配し外出自粛要請で、軽度の症状では受診をためらう人が増え、一般の医療機関と同様に二～三割も利用者減の生協があり、それだけ厳しい経営環境になっている。

こうした経営数値への影響だけでなく、これまで生協が大切にしてきた組合員同士や生産者との交流などができず、人と人の協同を大切にした生協の強みを、密閉・密集・密接の三密を避け今後どう展開していくかは大きな課題である。

コロナへの対応

新聞・雑誌・テレビ・インターネットはコロナの話題で溢れ、専門家でも未知に対する憶測や決めつけも中にはあり、また相反する意見もあり多くの情報でかえって混乱することもある。科学的根拠を示さず突然の全国一律の休校要請や二枚の布マスク全世帯配布など、場当たり的な政府の対応も国民の不安に拍車をかけている。こうした中では過剰な情報に振り回されないことが大切で、コロナが中長期に続けばなおさらだろう。

その点で参考になる一つは、雑誌『世界五月号』（岩波書店　二〇二〇年五月）の、コロナショック・ドクトリン特集である。未知のコロナ抑止や社会的混乱への対応など、経済・歴史・医学・法律・政治などの各界から九本の問題提起があり、総合的に考える参考となる。その一本が、日本総合研究所寺島実郎会長の「コロナ危機の本質―理性ある対応とは―」で、以下を強調している。

大きな視座が必要で、ウイルスを含む様々な微生物と人類は共存してきたし、人体の細胞数よりはるかに多い常在菌と人は共生している。パンデミック宣言は、社会的混乱を配慮してインフルエンザ以外の感染症では出さない方針だったが、異例に今回は出した。日本人の死因の五位が肺炎で年間約九万人が亡くなっており、この肺炎を起こす多様なウイルスや細菌がすでに脅威として存在する。そのため今回のコロナの脅威も、相対化して捉えるべきである。

パンデミック史に学べば、人体も社会も多様なウイルスで溢れているのが常態で、人類はパンデミックの歴史を繰り返し、地球的拡大は国際化した移動と交流の影の問題である。

日本では、コロナについても官邸主導による「国難」政治として奇妙な方向に引っ張り、いくつも失敗しているが、これからは日本の英知を結集しなくてはならない。経済ではウオールストリートの強欲な金融資本主義が、借金してでも景気を拡大する方向へと、日本も含め誘導してきた世界経済の構造的矛盾を、コロナ・ショックは炙り出した。

今回の持つ意味を正視し人間としての原点に還って、あるべき社会を思索すべき時である。

要はコロナと敵対するのでなく共存する対象とし、短期の当面する部分的対応だけでなく、収束後に向け原点からの中長期的で総合的な取り組みの準備も呼び掛けている。

中長期の見通しを

ドイツのメルケル首相は、国民に向け三月に以下の呼び掛けをした。

「開かれた民主主義が意味するものは、私たちが政治的決定を透明化し説明することや、私たちの行動の根拠を示し、それを伝えることで人々の理解が得られるようにすることです。何かを強いられるのではなく、知識を共有して活発な参加を促すことで繁栄します」

同じ首相でも、上から目線の日本との違いに驚きつつ感動する。ともあれこの話の、「私たち」を「生協」にして「政治的」を「機関」に、「人々」を「組合員と職員」へ置き換えても含蓄のある内容である。

時期は不明だがコロナはいずれ必ず下火になり、以前のように自由に人と触れ活動できるようになる。ただし集団免疫や薬やワクチンができずに長期化すれば、所得の減少や失業率の上昇もあれば食糧の減産なども同時多発的に起き、医療崩壊だけでなく雇用・所得・食・文化・家庭・介護なども崩壊する危険性がある。そうなれば多くの組合員にも当然影響し、利用単価の低下だけでなく、利用したくても利用できない組合員が増え、生協の経営はより厳しくなる可能性がある。

コロナによる生協での大変な苦労は、残念ながらしばらく続くと覚悟するしかないだろう。その間は健康を害しない範囲で不条理に耐え、できる範囲でコツコツと働くしかない。そのためにもそれぞれの生協の原点を再確認し、各自の心身にこれからも留意してやがて来る再出発にぜひ備えてほしい。

⑨コロナと生協を考える２　原点の再確認

二〇二〇年六月号

新型コロナウイルスに関して日本政府は、緊急事態宣言を五月二五日に全面解除したが、それでもまだ国民の暮らしへの影響は続く。

五月も宅配の大幅な利用が続き、四月以上に欠品が増えたり、新規加入を止めたりしている地域生協もある。また大半の大学ではオンライン授業が続き、学生は登校せず休業店が多く大学生協の経営が大変になっている。

そうした中で各地の生協における、協同組合の理念を大切にした助け合いを紹介する。

広島県生協連

大型連休中に帰国も帰省もせず自室暮らしの生活困窮の学生を支援し、また商品ロスを出さずに事業継続する目的で、広島県生協連から五月に広島大学生協へ一〇万円、修道大学生協に五万円、福山市立大学生協に三万円の支援金を支給した。広島大生協では、五月三日に大学の要請を受け食堂を開放し、寮などで自粛している学生向けのテイクアウト弁当を一二〇〇食用意して、広島県生

広島県生協連の支援による広島大生協での食品提供

協連から下記の応援メッセージを付けた賞味期限前の菓子や飲料を約六〇〇名に無料配布した。

「ＧＷ中にも関わらず、自室でひとり暮らしを続けている方、母国を離れての生活を続ける留学生。皆さん、とても大変だと思います。普段通りの生活ができる日は必ずきます。それまでみんなでがんばりましょう!!　広島県内の生協の仲間は、いつでも学生の皆さんを応援しています」

利用した学生からは、「ありがとうございます」や「生協大好きです」との感謝の声があった。

修道大学生協では、賞味期限前の商品をリストにして県内会員生協へ支援要請すると、広島県こくみん共済コープが、テレワークや自宅待機の職員用に全商品を引き受けた。

介護サービスの事業所では、マスクや消毒液が不足していたので、県生協連が調整役となり日本生協連やコープＣＳネットへ支援を依頼し、マスク・消毒液・小分け容器の提供を受け現場へ届けた。自分が感染源にならないか恐怖と緊張感のヘルパーや看護師は、コロナの脅威と向き合うストレスの中で仲間の支えに喜んでいた。県生協連高田公喜専務の話である。

「災害時同様に私たちが持ちうる生協理念は、こうしたコロナ禍と対峙するときに、無関心や不寛容にならず積極的になれと語りかけているように思います」

パルシステムグループ

パルシステムグループは、年末年始の相談活動・子ども食堂やフードバンクへの食品提供・大規模災害における復興支援の社会的活動などに携わってきた。コロナの今回の事態で協力団体と都庁近くにおいて、生活困窮者への支援活動の月二回を四月から毎週開催している。

四月一一日には、生活困窮者への食品提供や暮らしと健康の相談会をする「新宿ごはんプラス」に協力し、バナナやミニトマトなどの食品を提供した。ネットカフェの休業で寝泊りする場を失った人も増え、一一〇人ほどから生活や健康の相談があった。

四月二五日は一三五人が訪れ、パルシステムがパン・りんご・バナナを提供し、生活相談や医師による健康相談もあり生活の不安が半数を占めた。

五月二日は食品を一四五人へ提供し、パルシステムが青果を提供するフードバンクのセカンドハーベストジャパンが調理した弁当や、医療団体によるマスクや石けんの衛生用品も配布した。

他にも神奈川、千葉、茨城、栃木、山梨、群馬において、コロナの前はこども食堂やサロンへ提供していた余剰青果を、フードパントリーや配達等で生活困窮者へ提供している。

一般社団法人くらしサポート・ウィズは、パルシステムグループと生活クラブ生協（東京）などが、社会的な課題を解決するため組織を超え設立した。消費者金融の利息が高く、多重債務者の自殺や一家離散が社会問題となった二〇〇六年に、相談機関生活サポート生協（東京）として発足し、二〇一七年に法律上の要件が厳しい生協法人から、一般社団法人くらしサポート・ウィズへ全事業を引き継ぎ、生活総合相談機関として活動しコロナ対応では以下である。

・くらし相談ダイヤルのシステムを整備し、四月一〇日より常時三～六名（定時職員含め一二名体制）にした。四月の相談件数は一一一件でコロナ関連は六一件あり、子育てへの不安、夫の就業継続への不安、休校の子どもに対するストレス相談、交付金の申請方法などであった。専門相談は専門機関や支援団体や行政につなげ、答えのない不安の声は専門相談員が傾聴し寄り添っている。

・文部科学省や日本学生支援機構に提出する奨学金問題対策全国会議の、「新型コロナウイルス感染症の影響に鑑み貸与型奨学金の返還期限の猶予を求める緊急声明」に賛同した。

・コロナ災害緊急アクションをする労働組合、障がい者支援等の二三団体と連携し、厚生労働省、国土交通省、文部科学省への提言・協議の場として、四月に「新型コロナウイルス感染拡大に伴う生活困窮者や学生への支援強化を求める省庁との緊急の話し合い」へ参加した。

日本労働者協同組合（ワーカーズコープ）連合会

三月に以下の緊急声明「新型コロナウイルス感染拡大の危機に際して」を出した。

「（略）重要なことは、社会的な混乱を避ける努力である。そのためには、すべての人々の生命と人権を守る立場から、公的に①正確で科学的な知見が情報開示され、②その情報に基づく対処の指針が明示され社会的に共有し、③さまざまな困難と混乱に対する対策と保障が明らかにされることが求められる。

この間の対応は、上記の点から見ても不十分である。とりわけ突然に国からの全国一斉・一律の小中高校等の休校要請は、行政機関や関係する事業者、そしてあらゆる人々に混乱をもたらし、社会的不安を広げ高めている。これは基本的人権を侵害し、差別を助長しかねない事態である。

（略）私たちは、より多くの人々と協力・連携し、地域において感染拡大を徹底して防ぎ、人々の命と人権を守ることに全力を尽くす。そのためにも、現場で起きている混乱と困難を具体的に把握・共有し、危惧されるリスクを想定して行政に示し、徹底した協議を行い、公的な対策の推進を求めるとともに、自らも役割を果たしていく。組織内外での助け合い・支え合いを推進し、緊急対策と抜本戦略の両面から課題を整理し推進していく。

（略）今回の事態は、食・農を含め、私たちが健康であるための生活文化を問い直し、地域における支え合いと共生の文化を日常的に醸成する必要性を示している。

私たちは、協同と共生を基本的価値とする社会、持続可能な地域を共通目標とし、過度な貧富の差や社会的格差と差別を是正し、かけがえのない個性を認め合い、幸福で人間的な豊かさを実感できる社会への転換を進める。

人間の社会は本来、自然と共存・共生する生態系の中にある。その中で育ち合い・学び合い・働き合い・暮らし合うという、コミュニティの基本原理に立ち返り、地域の産業と経済を創出していくことが求められる（略）」

この理念に沿い全国の約四〇〇の子育てや二〇〇の高齢者の施設で、利用者を守る取り組みがいくつも進んでいる。

他にも各地の生協において、小さくても創意工夫した取り組みがいくつも進んでいるし、今後もそうした動きがより拡がることだろう。

緊急事態宣言が解除になっても、全ての経済活動がすぐ再稼働するわけでなく、落ち込んだ雇用の悪化などにより元の暮らしに戻るためにはしばらく時間がかかる。このため組合員の家計は厳しくなり、特に地域生協に比べ資産の少ない大学生協や医療生協では、経営面で危機となる危険性がある。自力で工夫して経営を維持できれば良いが、それが難しければ県連や連合会などの連帯組織を通じての助け合いが必要になるかもしれない。

困難な時にこそ生協や連帯組織や労組などの各組織だけでなく、生協人一人ひとりの原点を再確認した取り組みが求められる。そのため困難な現状を関係する全員がまずは共有し、ていねいに議論を重ね具体的な課題を明らかにして実践することではないだろうか。

第5章　伝言

各自が自分らしい豊かな人生を生協人として歩むために学ぶ対象は、学問・教育・芸術・自然・家族などと多様であるが、素晴らしい実践をされてきた先人の生涯をかけた歩みからも大きい。

今日まで発展してきた生協においても、各地で支えてきたすばらしい先輩がたくさんいる。そうした方々の人生ドラマを、きちんと文字にするためには各自毎で一冊の単行本になるだろうが、紙面の関係で約三二〇〇字に圧縮するしかなく、無理を承知でお願いして伝言シリーズを書かせてもらった。私の力不足もあってどこまで表現できたか心配もあったが、中には涙を流しながらご家族が読んでくれたこともあったりして、書いて良かったと実感した。

残念ながら記載後に、高橋忠信さん・横関武さん・野尻武敏さん・岩佐幹三さんが亡くなられた。お世話になったことへの感謝とご冥福を祈りつつ、単行本にも入れさせてもらい、現在の役職員や組合員だけでなく、これからの若い生協人にも先人の熱い想いにぜひ触れてほしい。

①死んだはずの命を生協で燃やし

高橋忠信《ただのぶ》さん

二〇一五年一〇月号

敗戦後の海戦

「ドカーン!!」

大音響と共に当時一等水兵だった高橋忠信さん（八八歳）が、乗っていた大日本帝国海軍輸送艦「新興丸」は大きく揺れた。一九四五年八月二二日の午前四時をまわり、留萌《るもい》沖の北の海は明るくなりつつあった。樺太の大泊《おおとまり》港からの引揚船で電気系を担当していた高橋さんは、夜勤で交替して海水の風呂を使い、甲板へ出ようとしていたときである。

よろけながら甲板に立った高橋さんは、艦の前方に魚雷が命中して甲板が飛ばされ、厚い鉄板の壁面に直径一〇メートルほどの穴があき、倉庫にゴーゴーと海水が流れ込み、即死した四〇〇名ほどの引揚者が浮かんだりしている様子を見た。倉庫の壁にあったフックには、長い髪を垂らした少女が、逆さになって引っ掛かっていた。

少しすると近くの海面に潜水艦が三隻浮上し、新興丸を射撃してきた。八月一五日にポツダム宣言を受け入れた天皇のラジオ放送があり、誰もが戦争は終わり、これからは平和な世の中で暮らすことができると喜んでいた。

そこに対する魚雷や銃撃である。敵がどの国か分からないが、このままでは三二〇〇人の引揚者と一五〇人の兵士が殺されてしまう。新興丸は輸送艦だが、前後に帝国海軍が第一次世界大戦から使用している四五口径三年式一二センチ砲を備え、二〇キログラムの砲弾は人力で装填していた。

しかし、新米の士官は戦闘の経験がなく、混乱して適切な命令を出すことができず、海戦の経験のある下士官が先頭に立ち、一二センチ砲を潜水艦に向け応戦した。

数分間、新興丸と三隻の潜水艦の間で激しい戦闘が続いた。結果は、二隻の潜水艦が轟沈し、一隻は逃げていった。

潜水艦の攻撃はなくなったが、少しずつ新興丸は沈んでいく。救命用のボートはあるが、わずか四隻で二〇〇人がやっとであるし、内一隻は降ろし方が悪く垂直になって海に落ちていた。誰もが死を覚悟し、艦内はやがて「南無阿弥陀仏！」の大合唱となった。

高橋さんは、この時の心境を次のように語ってくれた。

「自分の人生も、いよいよ一八歳にして終わりか。少し短かったなと思いましたが、なぜか死ぬ恐怖心はありませんでしたね。戦友と『畳の上で死ねたらいいな』と話し合っていた時もあったので、いよいよその時が来たのかと感じたものです」

しかし、新興丸は沈まなかった。魚雷を受けた倉庫は海水で一杯になったが他に影響はなく、目的地を小樽から近くの留萌へと変更し、傾いたまま向かった。留萌に着岸して乗客を降ろすと、流されずに船内にあった約二三〇体の死体を高橋さんたちは埠頭に並べた。

後で分かったことだが潜水艦はソ連軍で、北海道の北半分をソ連は領土として望んでいたため、実行支配しようと潜水艦を配置していた。このため近くで、小笠原丸や泰東丸もソ連軍の潜水艦による魚雷を受けて沈没し、それぞれで各七〇〇人が犠牲となり、新興丸と合わせると実に一八〇〇人にもなる。公式上の戦争後でも惨事が繰り返し、歴史の闇に葬っている。

東大農学部生協の職員になって

戦争が終わっても高橋さんは兵役を免除にならず、修復した新興丸で中国や朝鮮からの引揚者を運んでいた。一九四六年九月に佐世保で除隊となり、満員の汽車を何回も乗り継いで、やっと北海道のオホーツク海に面した故郷の村へ戻った。どこかで死んでいるのではと心配していた家族たちは、大喜びで迎えてくれた。

しばらく家の農作業などを手伝っていたが、一九四七年になって戦友の一人から東京での仕事の誘いを受け、すぐに高橋さんは上京した。訪ねた場所が東京大学農学部にある生協で、正門の正面奥にある三号館の地下に生協の食堂があった。

生協とはどんな理念の団体なのかまったくわからなかったが、食堂で宿舎もあるので、生活に困ることはないだろうと高橋さんは判断しての就職であった。女性八人と男性六人の従業員は、食堂に併設している部屋で別々に共同生活し、一日に二五〇〇食もの食事を提供していた。長い列は当たり前で、狭いホールの席に座ることができず廊下などで立って食べる学生も珍しくなかった。当時の学生は、誰もが「学ぶことは食べる事」と感じ、生協食堂を利用していた。

高橋さんの仕事は炊飯であった。まだ敗戦直後の混乱期で、ガスはなくてレンガを積み上げた釜戸で生木の薪を燃やし、麦中心の飯を炊くとか、さつま芋やトウモロコシを蒸かしていた。

ところでこの食堂の全体を管理していたのは、一九三六年に四八歳の賀川豊彦が江東消費組合栄養配給所を設立し、そこで働いていた女性の栄養士であった。これまでの給食より栄養価の高い栄養食にするため、賀川は国立栄養研究所や東京家政専修学校の協力も得て事業を展開していた。

その後高橋さんは、生協の運営になった本郷第二食堂や、さらには安田講堂前の地下にあった書籍部などで仕事をした。その頃についても高橋さんは語ってくれた。

「夜は定時制高校へ通うため、毎日の仕事を早番にしてもらっていました。食堂部のときは朝五時にリヤカーを付けた自転車に乗り、水道橋駅近くのパン屋へ行ってパンを荷台一杯積み、それから本郷まで戻ってくるのですが、坂道なので自転車を降りて押すしかなく苦労しました。七時には腹を空かせた軍服姿の学生たちが来るので、それまでには必ず戻らなければならなかったのです。

書籍部に移ってからは、棚に並んでいる本を読むのが楽しみでしたね」

高橋さんは仕事と勉強を楽しく両立させていった。しかし、無理をしていたのか、一時期体調を崩して北海道の郷里で静養したこともあるが、元気になってから戻ってくると東大生協の職員として再び働いた。

大学の制度が変更になって学生が減少し東大生協の経営が悪くなり、赤字の続いたときもあったがやがて解消した。

高橋さんは、一九五九年から二年間は駒場支部の常務理事、一九六一年から一九七〇年までは専務理事となり、東大生協の経営を管理する立場となった。さらに一九七一年から、大学生協東京事業連合の専務兼理事長として、首都圏における大学生協の連帯事業を強めていった。

大学生協の共済をスタート

一九八〇年になると、大学生協で「学生同士の助け合い」を理念とした新事業を展開することになり、高橋さんがその担当常務として東京地連事務局長から移籍した。当時の背景や苦労などについて高橋さんから伺った。

「学生協同保険の代理店を生協がしていましたが、もっと理念的にも生協が取り組む事業として共済にしたらとの意見がありました。当時の大学生協連会長でもあった福武直先生も熱心な推進者で、当時の厚労省上層部に東大での教え子がいることもあって、行政との話は進みました。

問題は実務で、立ち上げる学生共済の具体的な掛け金の計算を、何度電卓をたたいても正確な数字が出てきません。全労済のある方に教えてもらい、やっと厚労省へ提出する書類を仕上げて提出し、一九八一年春からの事業に間に合わせることができましたよ」

学生共済の加入者は、八一年一万人、八二年三万人、八三年五万人と順調に伸びた。しかし、これを見ていた財団法人学徒援護会が、同じ形の共済を作って全国の大学で事業展開しようとした。そこで福武先生は、全国の大学の学長や国立大学協会会長などへ手紙を書き、大学生協のおこなう学生共済の優位性を説き、この動きを中止させることができた。

若い生協人への伝言

戦争で一度は亡くした命を、生協人としてひたすら歩んできた高橋さんに、若い人たちへ伝えたいことを最後にたずねた。

「生協は、助け合いや支え合いを大切にする協同組合の一つで、平和と民主主義を何よりも大切にします。物だけの貢献でなく、地域社会を明るくする理念を決して忘れないでほしいですね」

安保法案の国会審議が進みきな臭い今だからこそ、高橋さんの言葉はより重い。

②自らに内在する伸びゆく力を信じ

横関武さん　二〇一六年四月号

京都市の地下鉄「北大路」駅を出てから、氷雨の降る中を鴨川に沿ってしばらく北上し、大将軍神社近くに横関武さんを訪ねた。

一九二九年に和歌山県田辺市で生まれた横関武さんは、生まれつきの弱視をカバーしつつ、中学時代は柔道で体を鍛え、五人を相手に立ち回ったこともあった。後に家出して大阪へ出て土方をし、六〇キログラムのセメント袋二本をかついでも平気であった。空襲の焼け跡では、弱視のため何回も五寸釘を踏み、今も足の裏に傷跡が残っている。

土方の世界にいた横関さんは、三重の障がいを持つヘレン・ケラーの講演を聞き、障がい者であっても人間的に成長することを知り、弱視の自分にも大きな可能性のあることを自覚した。

一転して生協へ身を置き、同志社大生協専務、京都府生協連専務、京都洛北生協専務、京都生協理事長、日本生協連副会長などの要職を経てきた。その間に、事業連合による生協の連帯の在り方や、大学生協から地域生協設立の支援もあれば、生活防衛のため安くて品質の良い生協牛乳の開発など、貴重な成果をいくつもあげている。

自らの理念を持ち、変革へ挑戦してきた横関さんの長い体験から、今の生協人が学ぶことは多い。

内在する伸びゆく力を信じよ

「お前のような戦争に役立たない奴は、国家の恥だ。お国のために死んで、石油になってしまえ！」

当時旧制中学生だった横関さんは、配属将校から毎日のように怒鳴られていた。軍事教練で足の不自由な上級生が、配属将校に殴打されたとき、かばった横関さんも一緒に殴られた。兵隊になることのできない障がい者は、人間としての扱いを受けず、いじめと見せしめの対象でしかなかった。

その体験は、障がいを持っている人などの弱い者いじめを許さないとの信念を、横関さんは心に深く刻んだ。不条理な戦争が終わり全身の血を蘇《よみが》えらせ希望にあふれ、その信念を実現する社会作りが生きる目標になり、これからの日本を戦争と餓えのない世の中にしたいと強く願った。

そのためには行政や誰かに期待するのでなく、一人でも多くの社会的弱者同士が力を合わせて実践することだと考え、「自らに内在する伸びゆく力を信じよ」を第一のモットーにし、その後の人生をひたすら歩んできた。

第二のモットーは、儒教の創始者である孔子の教えの、「学びて思わざれば即ち罔《くら》し　思いて学ばざれば即ち殆《あやう》し」で、学びを自分の考えに落とさなければ我が身につくことはなく、また自分で考えるだけで人から学ぼうとしなければ、考えが凝り固まってしまい危険であることを意味している。

明治生まれの骨太さと大正ロマンに培われ、視野広く高いミッションを燃やしつづけた先輩たちに、横関さんは恵まれたことを深く感謝している。その中でも生協との関連では、賀川豊彦（一八八八〜一九六〇）、涌井安太郎（一九〇九〜一九九六）、能勢克男（一八九四〜一九七九）の三人の教えが大きく、優れた社会思想家であり文化人、教育者、そして常に言行一致の実践家であった。

生協への目を開かせた賀川豊彦・涌井安太郎・能勢克男

大阪で五年間土方作業をしていた横関さんは、一九四九年に賀川と会い、同志社大学で勉強するきっかけになった。資本主義社会の欠陥を正すため賀川は、静かな革命と称する労働、農民、福祉運動、生協運動の意義を、熱く横関さんに教えて生協運動への目を開かせた。

また賀川は、戦後の生協の標語である「平和とよりよい生活のために」を決めるとき、暮らしを大切にして社会をよくするには、まず平和が大切として生活の前に平和の文字を持ってきた。さらには他人を大切にする利他についても強調し、横関さんは生協人としての理念を学んだ。

同志社大学で嶋田啓一郎教授の協同組合思想史を受講した横関さんは、嶋田教授の推薦で涌井安太郎専務の神戸生協で働くことになった。涌井は、一九世紀の人類の叡智が結晶してイギリスでロッチデール原則ができ、その後に世界中へ生協が広がったことや、人間性喪失の現代社会では、協同の力こそ時代を拓くものであることを、若い横関さんに教えた。

涌井の口癖は、「生協は売る組織ではなく買う組織である。これが原理であり、特に生協職員は忘れてはならない。だから組合員を、お客さんとは決して呼んではいけない」であった。こうした涌井の教えにより、仕事の現場で生協の経営を理解した。

同志社大学生協の経営再建のために横関さんが、神戸生協から京都に帰って仕事をしていた頃である。六六歳の能勢は、戦争は終わり素晴らしい憲法を持ったが、日本の社会は相変わらず男の縦社会のままで、女性を中心に地域へ民主的な横の社会をつくることが重要とし、参加型民主主義が生協の原動力であり、大学生協の若い力で京都の地域生協を再建してほしいと横関さんに話した。

あわせて京都の一〇〇〇年におよぶ民衆の協同の歴史を、平安朝の頼母子講や祇園祭など町衆の助けあいの智恵から、戦前戦後の生協の歴史に至るまで熱く語った。憲法学者で弁護士でもある能勢は、人権と民主主義を最も大切にし、「頼もしき隣人たらん」が信条で、人の痛みを深く知っていた。こうした能勢の教えは、人の痛みを知る人間の集まりが生協であるとして、横関さんの実践につながっていった。

また生協の理念は、民主性と合理性を統一して重んじなければならないと能勢は強調し、横関さんは深く感銘した。

こうして同志社大生協の京都洛北生協設立支援は、大学生協による地域生協づくりとして、京都を皮切りに全国大学生協連合会で方針化され、一九六〇年代後半から七〇年代にかけ、全国各地の大学生協による地域生協設立運動へと大きく広がった。

刹那《せつな》主義でなく自らの希望を持って

経済大国の一つとなった日本は、アメリカの傘下で資本の論理による競争をさらに激化させ、生協の職員を含めた若者たちは、ますますその瞬間だけを楽しんで満足する刹那主義におちいっている。社会の変動が激しく、五年先の仕事、結婚、子育てなどの見通しをもつことができず、どのような人生設計をすればよいのか多くは迷っている。

格差社会がより深刻化する中で拝金主義がいっそう強くなり、全ての価値基準に経済性を置き、お金がなければ一日も過ごすことができなくなると思い込んでいる若者もいる。

戦前や戦中に人間としての扱いを国家から受けてこなかった横関さんは、資本の論理による画一した上からの価値観に強く反対し、戦争反対、失業せず飢えのない社会、差別のない社会にするといった希望を持って歩んできた。その体験から、ぜひ多くの若者が自らの希望を持って人生設計をし、困難な社会の中で生きていくことの重要性を強調していた。

そのためにも封筒には糊しろが付いているように、各自の内部に持っている発達の可能性を信じて、心や時間のゆとりを持って生きることが大切であるとも触れた。

これからの生協や役職員への期待

今の日本には、戦前に想像もできなかったほどの物やお金があふれているのに、多い自殺や原発事故や環境汚染もあれば、安保法の成立で戦争参加への危険性が高まるなど、不安をかかえて日々暮らしている人々は多い。

そうした中で、人間らしい暮らしの支援が生協の目的であり、生協の社会的役割はますます大きくなっている。その生協で働く役職員には、仕事を通して他人に役立つと同時に、自らのためにもなることを理解することであると横関さんは話した。

こうして生協に夢を持って生きていくためには、一人だけでは決して生きていけないし、同じ志をもった仲間同士が、互いに協力することが何よりも大切である。

二時間ほどの限られた時間であったが、以前と同じ熱い横関節を聞くことができた。弱視は文字を読むのに不便ではあるが、逆に不要なものを見ることなく、心の目で物事の本質をしっかりと見極める。四年前から全盲となっているが、生協の在り方へのこだわりはますます強くなっている。横関さんの人生に私も学びたい。

③ヒューマンケアを大切にする生協へ

野尻武敏さん　二〇一六年一〇月号

機雷除去

「ドドドーン！」

瀬戸内海の海原に、轟音とともに五〇メートルほどの水柱が立った。掃海艇を指揮する海軍士官の野尻武敏さんは、海底の磁気機雷を爆破できホッとしていた。一九二四年に大分県で産まれた野尻さんが、二一歳になった一九四五年秋のことであった。

第二次世界大戦の末期に米軍は、対日飢餓作戦のため東京、名古屋、大阪、神戸、関門、新潟など主要な港に約一万二千個の機雷を投入し、物資の補給ルートを止めた。

戦後に連合軍は日本軍を解体させたが日本海軍の掃海隊は残し、逆に一万人へ増員して、同年九月に日本近海の機雷処理を命じた。当時は米軍の投下した六千個と、日本海軍の五万五千個の機雷が近海に残って戦後の復興を妨げ、敗戦から一九四九年五月までに、船舶三〇隻と死者七九名と傷者約二百名の被害を出した。

敗戦時に大阪港湾警備隊所属の野尻さんは、戦後も大阪湾から播磨灘の掃海作業に従事させられ、基地は大阪から神戸に移る。

当時のことを野尻さんは以下のように語った。

「米軍の投下した機雷は、磁気・音響・水圧で爆破する新型で、大型の鉄船では蝕雷します。掃海艇といっても、約三〇〇トンの木造船と民間から徴用した木造漁船でした。戦後もそれらに乗って昼間は命がけの掃海作業で、夜は深酒といった日々が続きました。だが、中学時代の誰彼が復員し復学したと聞くたびに、これでは自分はダメになり、早く大学に戻らねばと思うようになりました。ところが一九四四年の学徒出陣までの私の大学は、旧満州国の建国大学で、帰るべき大学は満州国と共に消えていました。

そこで一九四六年の秋に、まだ船に乗っていましたが、基地がある神戸で唯一の国立大の神戸経済大（現　神戸大学経済学部）に転入学し、復員となった翌年の春から復学して、荒廃した日々から抜け出すことができました。

だが建国大学の二年半は、けっして無駄ではなかったですね。旧満州の首都の新京（現　長春）に、日本・朝鮮・中国・蒙古・ロシアの五族協和による満州国の基礎固めと、興亜の人材育成をめざした、全寮制の全人教育を進めた国立の国際大学だったからです。その間に培われた友情は戦後ほどなく回復し、一九八〇年から日・鮮・中・蒙の学友たちとの同窓会（聯歓会《れんかん》）も韓国や中国で開いてきました」

野尻さんが、敗戦後の機雷の掃海作業をしたのは約二年間であった。一九四六年八月に主な海峡や港湾の機雷除去が一応終了し、五二年には日本沿岸の主要航路と約一〇〇ヵ所の港湾で安全宣言が出された。

生協との関わり

経済政策論や比較経済体制論など経済学者として著名な野尻さんは、神戸大学や大阪学院大学名誉教授であると同時に、生協や市民運動との接点も次のように多い。

一九九六年～二〇一五年　コープこうべ協同学苑学苑長
二〇〇一年～二〇〇七年　コープこうべ理事長
二〇〇三年～二〇〇六年　二一世紀ヒューマンケア研究機構理事長
二〇〇六年～二〇〇八年　ひょうご震災記念二一世紀研究機構会長

また、こころ豊かな美しい兵庫推進会議会長や兵庫県長寿社会研究機構理事長としても活躍してきた。

今は高齢のため全役職を退き、神戸市西区の自宅で奥様と暮らす九二歳の野尻さんを、二〇一六年九月に訪ね懐かしい野尻節を聞かせてもらった。

ソ連の崩壊によって社会主義の限界が明らかになり、他方で貧富の差を拡大する資本主義も展望は見えない。この混沌とした中において、賀川豊彦の唱えた理論は有意義だと野尻さんは強調する。

賀川豊彦の教え

「世界中を大恐慌が襲った一九三〇年代に、資本主義でも社会主義でもない第三の道として、賀川が提唱した『友愛の経済学』は、今の社会の在り方を考える大切なヒントがいくつもあります。第一にその『主観経済学』は、経済を考えるとき物と金でなく、それを使用する人間に焦点を当て、人間価値に重点を置く考えです。

第二にその『人格経済』は、個人であるだけでなく人格でもある人間を、使い捨てに扱う経済を悪とする考えで、友愛とは英語でブラザーフッド（兄弟愛）を意味し、人格と友愛は別でなく自律と心の一致です。

第三にその『唯心論』は、人間の意識こそが物を規定しているとの前提に立ち、教育による新しい世代の意識の覚せいにより社会変革することです。

また賀川は、国家による上からの変革や無政府主義を共に否定し、人々が自律的に自由に助け合う世界を積み重ね、家族から地域や国家や世界連邦に至るまでの共同体の創造を目指しました

店頭に物は山積みになっていながら、路上には飢えた人々があふれている『豊かな中の貧困』（Ｐｏｖｅｒｔｙ　ｉｎ　Ｐｌｅｎｔｙ）の発生こそが、資本主義社会の大きな矛盾と賀川は指摘

し、さらに金に操られている資本家も人格経済に反すると、その解放までも訴えていました」

その上で生協との関連について次のように話した。

「そうした思想の実践としての協同組合は、商品を誰が使うかわからない資本主義社会における関係から、売る人と買う人に人格的なつながりを回復する運動でした。

二一世紀の社会において、自由競争と効率の原理が支配する市場と、平等と公正の原理に従う行政に加え、どちらでもない第三の社会セクターとしてのＮＰＯが、今後の社会の大きなウエイトを占めつつあります。世界的には生協がＮＰＯの代表として長い歴史を持ち、友愛と連帯に基づく生協を、第三の社会セクターの中心にもっていくことが重要でしょうね」

これまでの資本主義や社会主義でない、人格を大切にした第三の道に生協の生きるベクトルがあるとの指摘であった。

賀川理論をより発展させ

ところで現在社会は、賀川の生きた時代と大きく違う面もいくつかある。生協に関連して野尻さんは次のように触れた。

「第一に自然の限界の接近です。CO_2問題にしても、先進国と発展途上国の軋轢《あつれき》が激化しています。資源が無限のとき資本主義世界はまだよいが、資源が底をつくようになると、惨憺《さんたん》たる状態をまねくと賀川は警告していました。エネルギーや食糧などの不足が目前にあり、環境汚染も限界にきており、世界がこのままやっていけるわけはありません。

第二に、これまでの国境を越えた連帯の動きで、EUなど目を見張るものがあります。世界のほとんどが、欧米の植民地や半植民地だった賀川の時代とは、すっかり変わっています。

賀川の友愛の原理に基づく世界連邦思想は、全人類が共倒れしないためにもより発展させることが大切でしょう」

賀川理論を鵜呑みにするのでなく、充分に咀嚼して今日の言葉で表現することが生協人に求められている。

ヒューマンケアを大切にする生協へ

造語であるヒューマンケアに、定まった訳語や定義はない。阪神・淡路大震災の後ほどなく兵庫県知事の下にヒューマンケア懇話会ができ、そこに参加した野尻さんは「人間への心ばせ」としている。ヒューマンケアの大切さや生協への期待も熱く語ってくれた。

「戦後の民主化は個人主義的な性格をもち、もっぱら個人の権利とその保障を求める要求民主主義となり、ギブ・アンド・テイクの社会関係が強まりました。しかし、その中で市政改革やまちづくりへ、参加民主主義として自発的で積極的に参画する市民運動が広がりはじめました。

日本を襲った二度の大震災は、第一に目に見えない世界にも襟を正す心の大切さ、第二に心の通い合う思いやりの、社会学的にはゲマインシャフト（共同体組織）であるコミュニティのもつ福祉機能や危機管理機能、そして第三にボランティア活動の可能性と潜在力を教えてくれました。二一世紀は、何よりもまず人間に立ち返ることで、近代の個人主義（インディヴィアリズム）から人格主義（パーソナリズム）への変換が重要です。

単なる事業団体ではない生協は、世直しや社会を改造していく重要な運動も担っており、ぜひヒューマンケアにこだわってほしいものです」

二〇一一年に、野尻さんが自宅で詠んだ短歌がある。

「生きて在る　いのちの証しか　果ててゆく　いのちの形見か　蝉《せみ》しぐれする」

生協が社会貢献をより強めるためにも、大切な理論的示唆を野尻さんはしてくれている。

④生協は国民の権利と平和を守るとりでに

岩佐幹三さん

二〇一七年二月号

今回の八八歳の岩佐幹三さんは、金沢大学教授時代に同大学生協の理事長を長く務め、また広島での被爆体験者でもある。

原爆の炎の下で

一九四五年八月六日、米軍機のエノラゲイが投下した世界初の原子爆弾は、一瞬で広島の街を崩壊させた。一六歳の岩佐少年は、爆心から一・二キロメートルで全壊した富士見町の自宅の庭で被爆した。幸い軽傷ですんだが母の姿がない。

「お母さ～ん！」

何回か叫ぶと、「ここよ」との声で太い梁の下敷きになった母を見つけた。

どうにかして救い出したいと、全身に力を入れて懸命にもがいた。すぐ先で仰向けに倒れている母は、閉じた両目から血を垂らしていた。つぶされた屋根から瓦や板をはがして薄暗い中へ潜り込んでみたが、それから先に岩佐さんは進むことができない。もう少しこちらへ出てもらえれば手が届くのに、母はまったく動くことができない。そうこうしているうちに、いくつもの火の子と一緒にメラメラと赤い炎が襲ってきた。

「駄目だよ、お母さん。火が近づいてきたよ！」

岩佐さんは悲鳴をあげ、母が最後の力を振り絞ってわずかでも動いてくれることを願ったが、返ってきたのは悲しい声であった。

「そんなら早よう逃げんさい」

気が動転した岩佐さんは、泣きながら母に向かって叫んだ。

「ごめんね。おとうさんのいる天国へ先に行っててね。アメリカの軍艦に体当たりして、僕も後から行くから」

返事はなく、いつも母が唱える凛とした般若心経《はんにゃしんぎょう》がゆっくり流れてきた。

何度も振り返りつつ泣きながら岩佐さんは、その場から逃げるしかなかった。

その日に比治山橋近くの土手で野宿した岩佐さんは、広島市内の全域が焼け野原になっている光景を翌朝見て、建物疎開の後片付けに動員されていた一二歳の妹も、きっと殺されたに違いないと感じ絶望した。

広島市の郊外にいた母の妹の叔母を訪ねた岩佐さんは、帰ってこない妹を探して翌日からまだ煙の上る焼野原へと通った。どんより曇った九月のはじめに市内を歩いていると、どうにも体がだるくて進むことができなくなった。帰りは電車を使ってやっとのことで叔母の家に戻ってきたが、玄関で靴をぬいだとたんに倒れ込んだ。すでに両手や両足だけでなく体のいたる箇所に、原爆病の印である赤紫色の斑点がいくつも出ていた。叔母が作ってくれた食事は、喉が焼け付くように痛くて食べられないし、水すらも飲めない。さらに夜になると発熱し、歯茎や鼻からは出血が続き、数日たつと岩佐さんの髪の毛が抜けた。放射能による急性症状であった。

それでも叔母が必死になって探してくれた医者が、毎日何本か皮下注射をしたおかげで、二週間もすると布団からどうにか起き上がることができるようになった。

生い立ち

一九二九年一月に岩佐さんは福岡で産まれた。この年は、アメリカから始まった大恐慌が世界経済を連鎖して破壊し、それは日本にも影響してやがて一九三一年の満州事変へとつながり、第二次世界大戦での破局へと転がっていった。

父の転勤で新潟、金沢、小倉と岩佐さんは転居し、小学一年生の秋から広島に住むようになる。これだけ住居が替わると、遊び友だちをつくるのも難しい。岩佐さんは外者扱いされ、遊びからも仲間外れにされることがしばしばで、運動が苦手なこともあり自信を持つことができなかった。転機は小学四年生のときである。体操の時間に鉄棒の懸垂ができるようになり、自分でもやればできることが分かった。叔母たちと一緒に行った小豆島一周する八八カ所巡りも、少年の足に辛かったが、それ以上に達成したときは自信になった。

軍人になって死ぬことが目標だった軍国少年の岩佐さんは、原爆に被爆したことによってその後の人生を大きく転換し、原爆孤児として第二の人生をスタートさせた。

叔母の援助で大学に進み、一九五三年から金沢大学法学部教官となって英国思想史を中心に研究し、法学部長まで務め一九九四年に定年退官した。その間に岩佐さんは、大学生協連の平和への取り組みにも協力し、全国の各大学生協の学生委員を主体としたピースナウ・ヒロシマの立ち上げに参画した。その活動はピースナウ・ナガサキやピースナウ・オキナワへと広がり、今も引き継いでいる。

一九八三年の「広島・長崎を考える平和ゼミナール」で岩佐さんは、「くらしと平和」の題で講演し、原水爆禁止運動の歴史や意義から憲法体制と安保法秩序の矛盾を話して、最後に次のように生協の役割りに触れた。

「中心になるのは何かというと、国民の生活を守る運動で、（略）生協が平和の問題を位置付けて、国民の権利と平和を守る砦になっていくことです」

三四年も前の話だが、格差社会がより深刻化し、憲法をかってに解釈して海外で戦争のできるようにしている今の日本にも、十分に当てはまる内容である。

また岩佐さんは、一九六〇年に「石川県原爆被災者友の会」を立ち上げ、会長として被爆者運動に深く関わっていく。その後「被爆者・宗教者・科学者三者懇談会」を発足させ、一九六五年に原爆展を開いてカンパを集め、一六人の被爆者を広島の原爆病院で診察してもらった。こうした地道な運動は、やがて一九九四年に「原爆被爆者に対する援護に関する法律」の実現へとつながった。

定年後に岩佐さんは千葉県に夫妻で移り、今は日本原水爆被害者団体協議会の代表委員をしている。同時に、日本生協連やいくつもの生協も協力し、「原爆被害の実相と、原爆被害者が遺してきた証言・記録・資料を収集、保存、普及、活用し、その記憶遺産の継承をめざす事業を行い、『ふたたび被爆者をつくるな』という願いの実現に寄与」する目的で、二〇一一年に設立した「ノーモア・ヒバクシャ記憶遺産を継承する会」の代表でもある。これまでに原爆による晩発性放射線障害で白内障や前立腺の癌などに侵されつつも、「核兵器を禁止・廃絶の条約を求める国際署名」の呼びかけ人になるなど精力的に今も活動している。

生協への期待

自宅近くの喫茶店で岩佐さんから話を聞いた。

「権利が広がれば広がるほど、人々はそれをどう使うか自分で考えるよりも、誰かがやってくれると期待して待っていることが多くなります。その方が考えなくて楽ですからね。でもね、自分で考えることをしなければ、個性を活かすことにならないし、それは大切な民主主義を根付かせる運動になりません。これまで長年いろいろな運動に関わってきましたが、一人ひとりが自らの頭で考えて行動するのは難しいようですね。原爆と向き合うときに、原爆反対と唱えるだけでなく、自分自身と向き合うことが何よりも大切なのですよ」

組織と個人にも関わる大切な指摘である。リーダーがしっかりしていると、多くの人は上から指示されたことに追従するようになりやすい。その方が苦労して考える必要はなくて楽だし、もし失敗してもリーダーの責任にされる。しかし、それでは個々人の発達はなく、長い目で見れば組織にとってもマイナスとなり、生協においても同じである。

生協への期待をたずねた。

「一年前にあった大学生協連のピースナウの集会で、命を大切にすることが何よりも重要であり、それは教育にもつながると話しました。全ての生協が命を大切にし、同時に暮らしも重視することで、ヨーロッパで古くから哲学が追い求めてきたように、人間とは何かを問い詰めてほしいものですね。経済格差が広がり問題がより深刻化している日本や世界では、人類の未来はどうあるべきで、それとの関係で生協の果たす役割りを見定めて歩んでいくことでしょう。私の考えるキーワードは、人間・命・家族・暮らし・平和です。生協の組合員や職員の皆さんが、地球市民の一人としての自覚をもって生きていってほしいですね」

岩佐さんのいくつもの熱い言葉を、私も胸に刻みたい。

⑤食と農と平和にこだわって

宮村光重さん　二〇一七年七月号

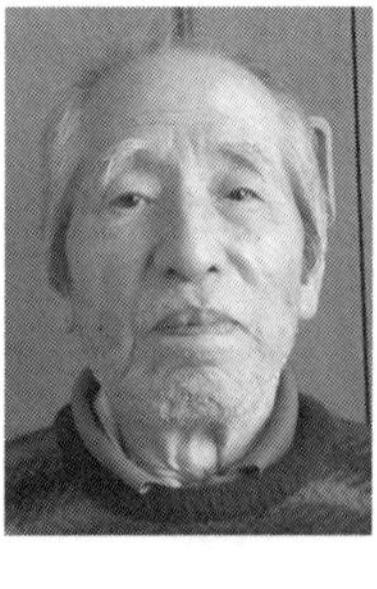

一九二六年に東京で生まれた宮村光重さん（九一歳）に会うため、新宿から小田急線に乗り換えて狛江市の自宅を訪ねた。農業経済が専門の宮村さんは、青森短期大や日本女子大で教え、あわせて農業・農協問題研究所理事長や「食糧の生産と消費を結ぶ研究会」会長なども歴任してきた。生協関連では、日本女子大生協理事長や東都生協理事長の他に、「食料・農業・食の安全に関する生協懇談会」世話人、日本生協連食糧問題調査委員会主査、生協総研全国生協産直調査委員会主査と多彩に活動してきた。長年にわたって生協における食や農に深く関わってきた宮村さんの原点や、これからの生協の在り方などについて熱く語ってもらった。

力耕《りきこう》吾を欺《あざむ》かず

七人兄姉の末っ子の宮村さんは、当時の少年の誰もが憧れた軍人になりたかったが、視力に問題があったため帝国海軍少将であった父の勧めで、中学を卒業してから築地にあった海軍経理学校へ入り、三六期生として一年九ヵ月間学んだ。

兵庫県の垂水《たるみ》にあった校舎で敗戦を迎えた宮村さんは、焦土と化した東京に戻ってきた。暮らしで一番困ったのは、日々の食べ物である。戦時中の食糧管理法により、国内で生産した米や麦などは政府に供出し、家族の人数で配分する仕組みになっていた。ところが一九四五年は凶作で、食糧供給の植民地を失い、さらに海外の兵士や民間人が戻り、食糧不足はより深刻化した。

当時の状況を宮村さんは話してくれた。

「米が少なく雑炊のさらに薄い状態で、その米も不足して芋でおぎなっていましたよ。このため茨城や千葉へ、買い出しに私は何回も出かけたものです」

混乱する食糧事情を体験した宮村さんは、農業の在り方に関心をもち、兄の薦めもあって一九四六年に東大農学部へ入学した。当時の東大生は、自由な学問復活の喜びと同時に、「学ぶことは食べること」と言われたほど食事に困っていた。そこで農学部では、農協と呼んでいた東京帝国大学農学部協同組合を発足させ外食券食堂を開設していた。

近藤康男教授の農政学を学んでいた宮村さんは、農学部協同組合にも参画して二年のとき理事になって経理を担当し、三年で監事をしつつ、時には食堂で食材の搬入などを手伝うこともあった。

宮村さんが勉学していたある日、日露戦争でバルチック艦隊との海戦に、水雷艇の艇長として戦った父親が、半紙に書いた文字をさしながら話しかけてきた。

「お前に合った句があったからこれをあげるよ」

そこには「力耕不吾欺」と力強く墨でしたためてあった。中国六朝時代の詩人陶淵明《とうえんめい》（三六五〜四二七）作「移居」の一節で、力いっぱい耕せば、そこでの収穫は耕した人をけっして欺かないことを意味した。

「自分の能力には限界があるので、目標に向かってたゆまず努力することを心に刻みました」

父の教えを座右の銘として忘れることなく宮村さんは守り、その書は大切に今も保管している。

生活協同組合論の講座

青森短期大学を経て日本女子大で教えた宮村さんは、家政経済学科で生活協同組合論の講義を一九七〇年に立ち上げた。農協を中心とした協同組合論の講座は各地にあったが、一五コマの生協論は他になかった。このときの講義の論点は、『論集　国民生活における農業・食糧問題第三巻　農協・生協と国民生活』（筑波書房　一九九八年）に入っている。

宮村さんの基本的な視点は、論集第一巻『食糧問題と国民生活』の序文で以下のように触れている。

「農業生産、食糧生産は、古来、いたって平和的な形状をもっており、また平和的な環境が、その存続にとってもっとも望ましく、高い生産力を発揮させうる条件なのである」

並行して学内の民主化運動にも宮村さんは関わり、教授会の活性化や寮監制廃止も進むなかで、就任一年目から教職員組合設立で積極的に動いた。その後に職組の活動が軌道へのった頃に、依頼を受け同生協の理事長になった。

その頃の大学生協は、それまでの権利意識を全面に出した学生運動のような路線を、どう変化して発展させるかで議論していた。

当時の福武直《ただし》大学生協連会長は、一九七八年に所感を出し、大学生協が自主的民主的な人間形成の教育的機能をもち、大学の中に広く深く根ざす「広深路線《ひろふか》」を強調した。学生生協から全学の大学生協へ発展する基礎となり、宮村さんをはじめとする日本女子大生協でも同じで、学園の一員としての地位を築き、福利厚生施設を充実させて今日にいたっている。

原点にこだわる東都生協めざし

一九九三年に宮村さんが請われて理事長になった東都生協は、一九七三年の設立から産直・協同・民主を大切にし、日本の農業を守りつつ食糧自給率向上の課題を掲げ、土づくり宣言をして「産直の東都」として独自の実績を積み重ねていた。

そうした東都生協のさらなる発展のために、宮村さんが大きく貢献した一つが東都生協の原点の再確認であった。一九九六年度総代会において東都生協の存在目的として、あらゆる運動や事業における共通の前提となるように、「産直・協同・民主――いのちとくらしを守るために――」との基本理念を確認した。さらにそれを展開する独自の立場や視点のあるべき姿について、基本理念に基づき個別理念として以下の五項目を二〇〇〇年度総代会において再確定した。

①食と農を事業と運動の基軸におきます。②民主と協同を大切にした組織運営をします。③社会と環境に責任ある行動をとります。④堅実な経営で理念を実現します。⑤職員の誇りと力量を高めます。

地域生協において食を事業と運動の基軸にするのはどこも同じだが、それに農を加えて背景をもたせ、さらに社会と環境の視線も加え総合的な理念となっている。その上で①から④の理念を実践する職員について⑤で触れ、組合員のくらしと思いをふまえての仕事となるように、パートも含めた一人ひとりの素質と能力を発展させるとしている。

これだけ総合的な個別理念を掲げるため、宮村さんの関わりをたずねた。

「この個別理念をまとめるにあたっては、組合員会議を活発におこない、理事長としても起草に関わってきましたよ」

こうした東都生協を客観視しての多面的な個別理念には、理事長だけでなく学者として宮村さんの客観的で総合的なこだわりが強く反映されている。

食糧運動をたおやかに

宮村さんの著者は、「食料・農業・食の安全に関する生協懇談会」編集の『食糧運動をたおやかに――生協懇一〇年の轍《わだち》とこれからの路《みち》』（コープ出版二〇〇四年）がある。たおやかとは、しなやかで優しい様子を意味する。帯は「生協の運動連帯に期待する―食と農と自然の共生を目指して

―」とし、編集に世話人生協として、いわて生協・コープながの・コープぎふ・生協かごしま・東都生協など八生協がある。

この中の「二一世紀の食糧・農業と協同組合の役割」において、「農と食は、いかに平和と安全に係るか」として、以下を強調している。

「第一に、農の営みが、滞りなく、平常に行われるのに、もっとも好都合な条件は、人的資源を含む諸環境が、戦争など人的手法によって損傷を受けないこと。（略）

第二に、食は、人々の生き・死に、いのちと暮らしに関わる事柄であり、暮らしの根本条件だから、食をネタにして、金儲けをしようとか、相手をこらしめてやろうとかは、望ましからぬ行為」

そして論集第一巻の以下の序文を再掲し、資本優先の考えが食や農を脅かしている現状に警鐘乱打している。

「人間である以上、だれでも勤労を通じて同じように食事ができなければならない。これが民主的社会の最低条件であろうが、商業主義の食糧領域への浸透は、これをくずす作用をする」

国民の求める安心・安全な食のためには、それを支える豊かな農があり、その基盤には平和がある。

資本の論理でしか考えないトランプ大統領が誕生し、それにすり寄る安倍政権によって、ますます日本の食と農が深刻化しつつある。宮村さんの伝言を生協人は噛みしめる必要があるだろう。

⑥平和とよりよい生活のために

斎藤嘉璋さん、下山保さん　二〇一七年一〇月号

きな臭い空気が日本にも漂い、戦後責任から新たな戦前責任を問う声も出る中で、平和への関心が高まっている。生協も同じで八月五日に広島で開催した「虹のひろば」で、参加者が例年以上の一四〇〇人になり二階席にも座っていた。

そうした中で「平和とよりよい生活のために」をテーマに、八月二六日に東京都生協連の会議室で集いがあり司会者として私は参加した。東京都生協連、東都生協、地域生活研究所の各代表が呼びかけ、パルシステム東京が協力して七四人が参加し、有意義な三時間を過ごした。

かつてヘーゲルは、歴史に①事実として、②反省を加えた、③哲学的な三種類があるとした。戦争と生協に関わった二人から、各々の平和哲学に沿った貴重な話を聞くことができた。

生協の歴史から戦争と平和を学ぶ

最初は日本生協連元常務理事の斎藤嘉璋さんで、以下の話が一時間あった。

第一部では戦前・戦中の生協である。

第一に日本での生協の誕生は、一八七九年に東京の共立商社や大阪の共立商店で、西南戦争の後に自ら協同して出資、利用、運営を実践したのは、国会開設や立憲国家をめざす自由民権運動家などリベラル派であった。

第二に大正・昭和初期の生協は、大正デモクラシーの下で吉野作造の民本主義や賀川豊彦らの労働運動、平塚らいてうの婦人解放運動、社会主義政党と治安維持法、普通選挙法がある中で地域に広がりをみせた。一九一九年家庭購買、一九二〇年共働社、大阪・共益社、一九二一年神戸消費、灘購買の市民型生協の誕生、一九二二年関東消費組合同盟、一九二六年東京学生消費組合ができた。

その後、生協や大学生協の発展と労働運動や社会運動との連帯が進み、活発な家庭会（婦人部）、文化活動、班組織へとつながった。

第三に戦争の時代となり、庶民の暮らしや生協への規制と締め付けが強化された。一九三一年の満州事変から一九三七年の日中戦争となり、政治的思想的締め付けで関消連や東京学消は解散となり、定款の「人類の福祉に益す」は反戦思想とみなされた。一九四一年からの太平洋戦争で組織的統制や締め付けで、生協は事業活動の自由を失い米穀などを扱えず多くが解散した。

第二部は戦後の生協の平和活動である。

第一に、平和と民主主義を大切にする思いから、廃墟の中より生協運動は再生した。食料難と物価高の中で雨後の竹の子のように設立し、戦後第一の高揚期は全国で、地域生協二〇〇〇を含む六五〇〇組合で組合員数三〇〇万人弱にもなった。一九四五年日協同盟の創設、一九四八年生協法制定、一九五一年日本生協連創立し「平和とよりよい生活のために」を宣言した。

第二に、一九五〇年代の戦後第二の高揚期には、地域勤労者生協の設立など労働者生協の発展があった。一九五四年ビキニ水爆実験があり、安心できる魚と海を願い杉並の生協組合員などが原水禁運動を起こした。

第三に、一九七〇年代からの地域生協の本格的発展と生協の反核平和活動である。七〇年代の物不足や物価急騰、有害商品、公害問題を背景に、「いのちと暮らしを守ろう」のスローガンで全国的に生協づくりが進み、生協組合員は一九七〇年に三一一万人（地域七九万人）、一九八〇年には六七二万人（地域二九二万人）にもなった。

一九七〇年代は、原水禁運動に生協が参加して統一に貢献し、被爆者援護法署名運動、戦争原爆写真展、平和コンサート、ヒロシマ・ナガサキ行動を展開した。一九八〇年代は生協規制の嵐もあったが、班共同購入を軸に組合員を拡大し、沖縄戦跡・基地巡り、少年少女ヒロシマの旅など生協独自の取り組みを広げ、生協組合員は一九九〇年に一四一〇万人（地域九一六万人）となった。一九八二年SSDⅡと一九八八年SSDⅢに多数の日本の生協が参加し、日本生協連は国連からピースメッセンジャーの認定を受けた。

一九九〇年代は、生協の成長が鈍化する中で個配を開始し、被爆者と共に被爆者援護法の制定めざした署名や被爆体験の「聞き書き語り残し運動」に取り組み、二〇〇〇年の生協組合員は二一一〇四万人（地域一四五〇万人）になった。

すでに七〇〇〇部も売れているブックレット『生協の歴史から戦争と平和を学ぶ』（Ａ五判六四頁　定価四〇〇円　注文先は東京都生協連・地域生活研究所）に詳しくは記載されているので、まだの方はぜひ一人でも多く読んでほしい。

このように生協の平和活動は、①戦前は軍国主義のもと思想的組織的弾圧で壊滅的な打撃を受け、②戦後はその教訓から「平和とよりよい生活のために」を基本理念に掲げ、組合員の強い願いと地域に根差した活動として、③核兵器と戦争反対の運動を全国で、そして国際協同組合の理念と国際的連帯活動として取り組んできたといえる。

私の「戦争と平和」

二人目はパルシステム連合会初代理事長の下山保さんで、まずは妻公江さんの生々しい東京大空襲体験に触れ、配布した資料「私の三月一〇日」の要点を読み上げた。当時六歳の公江さんにとって、一〇万人が焼き殺された一九四五年三月一〇日の東京大空襲は、忘れろと言われても忘れることのできない地獄の一夜であった。次々に焼夷弾が降り注ぐ中で、妹を背負った母親と裸足で逃げ回ったり、燃え盛る炎を逃れて葦のしげる湿地帯に浸かり、両腕を火傷している母は一晩中幼い姉妹に水をかけたりして、やっとのことで命を守りぬいた。一晩中浸かっていた湿地帯の水は、春先だがお湯になっていた。

一九四一年に両親と子ども二人の下山家は、山形から満州へ渡って甘南省協和開拓団昭栄部落に五〇戸弱と共に入植した。五町歩の土地をもらい、煉瓦煙突とオンドル付きの家屋は土壁の草ぶきで、馬一頭と羊数頭がいて、作物はジャガイモ、玉ねぎ、大麦などであった。冬は零下三〇℃にもなり、四歳のとき下山さんはアメーバ赤痢にかかり、薬も無く父は諦めるが母は最後の手段として塩水で浣腸し奇跡的に回復した。

一九四五年に敗戦となり、日本人に土地を奪われた浮浪民の匪賊《ひぞく》が直ちに襲撃し、次いでソ連軍、蒙古軍、国民党軍が数度襲ってきた。

秋に開拓民部落を追われ中国人農家へ振り分けられ、二〇平方メートルの小屋に二家族一〇人が同居した。食糧が無く野草も食べ、下山さんは栄養不良のため壊血病で鼻血が止まらず、窒息で一時危篤状態になったが、母が血を吸い出し助かった。弟が麻疹で喉が塞がり窒息死し、原野に土葬した。

一九四六年に帰国情報があり、中国人から「子連れ帰国は無理だから置いていけ。大事に育てるから」と言われたが感謝しつつ断わる。持てる手荷物のみで日本に向け出発し、荷車が使えなくなった後は全員が歩いた。妹と一緒の下山さんは、飲料水がなくなり半日我慢するも耐えられず道端の溜り水を飲み、猛烈な下痢となり垂れ流しとなったが、一行から離れることは死を意味するので二日間必死で歩いた。

三泊野宿してチチハルに着き、今度は貨物車で新京に着き長期待機となった。餓えに苦しんでいる中で食糧をめぐり子ども同士で煉瓦の投げ合いとなり、下山さんは頭がい骨を損傷して化膿し、中国人医師に診てもらうが薬は無く、煙管の先で膿を掻き出す荒治療で事なきを得た。死線を何度もこえた下山さんは、多分めったに死なない自信が付いた。

貴重な戦争体験を話した下山さんは、最後に「戦争の危機と生協の社会的責任」として以下に触れた。

戦争の危機を招く諸条件が国内外で進み、経済格差が拡大し貧困層が増大している。貧困は戦争の一つの温床であり、生協は貧困に立ち向かうことも出来るが、「平和とよりよき生活のために」から平和がなくなっている。生協の原点や歴史を学んで生協の社会的責任を考え、格差と貧困に立ち向かう生協らしい方法を考えることが社会から求められている。


最後に司会者として私は、第二次世界大戦の反省から平和学が世界中に広がり、その中で一九六九年にノルウェーのガルトゥングが提唱したように、戦争の前に社会には搾取や抑圧や人権無視の構造的暴力があり、平和な社会のために注目することが重要だと紹介した。

そのため戦争に生協が反対すると同時に、地域や生協内や委託会社などとの関係において構造的暴力がないのか検証し、あれば解消していく努力が必要なことにも触れさせてもらった。

⑦楽しくなければ生協ではない

大藏律子さん　二〇一七年一一月号

女性からの「伝言」もぜひ書きたいと探していたところ、大藏律子さん（七八歳）を紹介してもらい、神奈川県のほぼ中央にある平塚市の自宅を訪ねた。東京駅から東海道線の普通電車に乗り一時間かかる人口約二六万人の平塚は、相模平野の南部で相模湾に面し背後には丹沢や大山山麓があり、江戸時代には東海道五十三次の宿場町として栄えた。

ショートカットの大藏さんは、旧かながわ生協の理事を長年務めた後で、多くの市民に押されて平塚市議四期一六年や平塚市長二期八年をこなし、二〇一六年からは神奈川県高齢者生協の理事などで、今も協同社会めざし元気に活動している。

協同と自由の大切さを学び

鹿児島県の東シナ海に面した小さな町で生まれ育った大藏さんは、小学生のときの想い出がいくつもある。その一つを懐かしそうに話してくれた。

「小学六年生の時に貧しい家庭の二人のクラスメイトが、修学旅行の費用がなく困っていました。そこで潮干狩りした貝で必要な代金にすることを私は考え、先生の許可も得て友だちと実行したのです。貝を獲る人と売ってお金にする係りを条件に応じて別にしたので、無理することなく目標を達成することができました」

誰かに教わったわけでもないが正に互助であり、協同組合の思想にそった素敵な取り組みである。大藏さんが中学を卒業する時に、「お前には三つの自由がある。第一は学問の自由で、勉強したければ高校や大学へと進学してよい。第二は就職の自由で、好きな仕事に就いてよい。第三は結婚の自由で、好きな相手と結婚してよい」と父親から言葉をもらった。

まだ敗戦後の復興期である。父の教えを大切にした大藏さんは、自ら考え自由に人生を歩むことにした。

地域の中で育む協同

就職先の研究所が横浜にあり、通勤に便利な平塚の県営住宅に住むようになったのは一九六七年で、二人の子を持つ大藏さんは二八歳であった。

団地には同じく子育て中の主婦も多く、買い物や街づくりなどで共通する悩みがいくつもあった。そうした女性が集まり、男性中心の自治会の中に女性部の「横内団地消費者の会」を作り、大藏さんも当初から参加した。その頃の様子を話してくれた。

「まず私たちの欲しかったのは新鮮な野菜です。団地の周りには新鮮な野菜がたくさんあるのに、買うのはいつもしなびた品物でした。そこで近くの伊勢原市農協の青年部と相談し、日曜日の朝六時から二時間の朝市を団地内の通路で開くことにしました。青年部が早朝に運んでくれた新鮮な野菜を、私たちが販売するのです。何回も畑に出かけては注文をつけたり、欲しい野菜をお願いしたりしたものです」

子育て中の母親には、野菜と同じく安全で少しでも安い牛乳が大切で、大藏さんは当時の湘南生協に入り家庭班を広げていた。その頃生協では、牛乳を扱う小売モデル事業として平塚の取り組みを位置付け、朝五時までに届いた牛乳を専従者一人が責任をもって個別に配達していた。

家庭班が三つできたとき大藏さんは、地域の人たちに生協の素晴らしさをもっと知ってもらおうと、道路の一部を使って生協の市を開いたり、広場を借りて餅つきや子どもの踊りなども披露したりした。皆で楽しむ場を作っていると、それに興味を示した人たちが生協の輪に加わってくれた。生協運動ではとにかく楽しい場づくりにこだわった。

一九七三年の第一次オイルショックとなり、トイレットペーパーや洗剤の買い占めでスーパーの棚からなくなったときに、生協は生活必需品の確保に努め、「スーパーになくても生協にはある」との噂が流れ生協加入者が増えたこともある。

大藏さんにとって、生協との関わりを生涯不動のものにする学びがあったと話してくれた。

「生協に熱中したのは、安心で安全な欲しい品物を、少しでも安く手に入れるためだけではありませんでした。家庭班の役員をしているときに学習会があり、生協の起源であるロッチデールを知り、その精神にほれ込んだのです。産業革命の進むイギリスで、ストライキや失業で暮らしの大変になった二六人が、職場に残った人は働き、職のなくなった人は小麦やバターなどの生活必需品を買い、それを皆で分け合い生活を守ったのです。人々が生きていくうえで協同することは、より良い暮らしや生き方を求めるための生活の知恵だったのです」

この貴重な学びが、大藏さんのその後の協同社会づくりへとつながっていく。

政治の分野でも

核兵器問題が深刻になった一九七八年に大藏さんは、ニューヨークで開催となった第一回国連軍縮総会に生協の代表の一人として参加した。被爆者と知りあい、広島や長崎の実態をもっと市民に理解してもらいたいと、かつて海軍の軍需産業が盛んで空襲を受けた平塚市において「母と子の原爆展」を開き、短期間で四万三〇〇〇筆もの署名を集め核兵器廃絶平和都市宣言の運動につなげた。

しかし、市議会の動きは鈍かった。その頃の様子を大藏さんに語ってもらった。

「一緒に運動した人たちから、『これでは平塚が変わっていかないから、私たちの代表を議会へ送り込むしかないね』との声が起こりました。候補者にたまたま私が選ばれ、選挙費用も皆で集めました。『この町に新しい風を吹かせたい』をキャッチコピーにして当選し、議員報酬も皆で使うため平塚で初めて議員の事務所を駅前に常設し、政治課題だけでなく絵画教室や習字クラブなども開きました」

市議を終え大藏さんは議会から離れようとしたが、市民の期待は市長へと高まったと大藏さんは話してくれた。

「三期目の市長選も無投票では市民力が問われます。『市民の市長を作る会』ができ、公募で候補者を決めましたが、複数の団体と個人が推す私だけでした。悩みましたが多くの市民や夫の声で決心し、『変えよう、変えます、市民の会』の仲間と私は、湘南市合併構想の見直し・ガラス張りの市政運営・市民とパートナーシップの市政に、自然と共生する町を加え選挙運動を闘い当選しました」

二〇〇三年の統一地方選で、女性市長は大藏さんを含め全国で六人となった。前市長が使っていた一〇〇〇万円の高級車を廃止し、月額報酬の五割カット分を預金し退職時に理科教材費として寄付した。

町内福祉村

大藏さんの市長時代に充実させた成果の一つが今に続く町内福祉村で、それぞれの状況にあった身近な生活支援活動とふれあい交流活動を、一九九八年からスタートさせ今では一七地区で実施している。公民館などの一室を使い、週に四日以上は地域福祉コーディネーターが常駐する。コーディネーター、役員、交流や生活支援を担う人たちも全てボランティアで、交通費などの活動経費と施設の家賃や水光熱費は市が負担するので利用者の負担はない。

福祉村では、第一に身近な生活支援活動で、車いすの貸し出し、ゴミ出しの手伝い、話し相手、外出の付き添い、ついでの買い物、電球交換などをする。第二にふれあい交流活動で、拠点や自治会館では地域の人が気軽に立ち寄れるたまり場として、高齢者のサロンや子育て支援活動もあれば、子どもと年寄りとの交流などをしている。

大藏さんは、全国から福祉村が注目されるようになったと嬉しそうに話してくれた。

「二〇一七年二月に厚生労働省は、地域共生社会の実現に向けた五年間の工程表を発表しました。住民が主体となって地域の課題を解決することや、市町村による包括的で総合的な相談支援体制の確立が重要な項目で、その中で平塚の町内福祉村がモデルになっています」

協同を大切にした地域づくりが住民の手で進んでいる。

現在の大藏さんは、平塚美術館フレンズクラブ、平塚ゆかりの作家・中勘助を知る会、人形浄瑠璃友の会などの各会長を努める他に、ジャズダンスの会、水彩画を楽しむ「マンボウの会」、日曜絵手紙の会などにも参加し、地域の人たちと楽しい日々を過ごしている。

そうした中での作品のいくつかは、亡き夫が創った陶芸品と一緒に部屋を飾り、生活文化が漂うほっとする素敵な空間を作っていた。

⑧友愛にもとづく協同社会を

野原敏雄さん　二〇一八年五月号

笑みの生前葬（想）

ピアノ伴奏の女性独唱による「千の風になって」「平城山」「愛　燦々《さんさん》」が流れ、和やかな雰囲気となった会場に、神職と共にゆっくり入場した野原敏雄さん（八八歳）は、会釈後に以下の「私の履歴」へ触れた。

経済地理学会と日本協同組合学会で役職を歴任し、生協関係では中京大学生協理事長や生協総合研究所理事も務めた。一九九五年からの地域と協同の研究センターセンター長、一九九六年に六五歳で中京大学を退職し、二〇一一年から太陽光発電所ネットワーク副理事長も務めてきた。

自己紹介の最後に、正面へ映像を写し夫妻の墓を共同墓地にすると触れた。碑文に自作の「仰岳俯峡　生一瞬　真守歳々　人通天」を刻み、「恵那山を仰ぎ見たり、峡谷を俯瞰《ふかん》したりする楽しい生は一瞬だった。だが常に真理を守る生によってこそ、永遠の人としての楽しさが得られる」と解説した。

二〇一八年四月二二日の午後のことである。コープあいち生協生活文化会館大会議室の正面に、

「野原敏雄先生　生前葬（想）」のパネルがあった。約一〇〇人が全国から集まり、花を飾った各テーブルには、協同組合、地理学、名古屋大学、中京大学、住民運動・文化活動、市民運動・まちづくり、中津川市、鷹ノ巣の関係者十数名が座り楽しく懇談した。テーブルを代表して参加者のスピーチは、生協や大学関係者の他に、太陽光発電ネットワーク、農業小学校、地域の住民運動、文化運動などと多彩で、野原さんは静かに笑みを浮かべていた。

貧困と病弱をのりこえ学問を

名古屋の製材所で職工として働く父の家庭に、野原さんは長男として一九三〇年に生まれた。幼年から本が好きで「読んで坊主」と呼ばれ、小学校も優等生であったが、父が結核になり母の内職での貧しい暮らしとなった。小卒で働くか実業学校にするか迷ったが、担任の薦めで旧制中学に入った。将校になるため幼年学校を目指したが、病弱で乙種合格となって諦め、国策の大東亜共栄圏をつくる地・歴を学ぶことにした。

疎開した父母の田舎の西濃で農地を借り、農作業して家族の食糧を野原少年は賄った。同時に大垣の中学へ通って卒業したが、戦後も働かざるをえなく、農繁期以外は商店の手伝いで家計を助けていたので進学できなかった。国家による理不尽な大戦後に、野原さんは何事も自らの頭で深く考えるようになった。

父の健康が回復し、戦後教育の在り方を指導する愛知県教育委員会の教育文化研究所の図書室事務員として働き、たくさんの本に触れた。学資の目途がついた一九五一年に、名古屋大学文学部へ入り勉学に励み、恋人もでき青春を謳歌したが、父と同じ結核を患い帰郷して静養するしかなく、五年かかって卒業した。病歴で就職できず大学院に入って勉学を続けていると、紹介者がいて一九五六年に中京商業高校で人文地理を教えることになった。

こうして貧困と病弱を乗り越えた野原さんは、その後の地域や社会的弱者を大切にする研究者へと羽ばたいていく。当時を野原さんに語ってもらった。

「専門の地理学は、地域における人々の暮らし方の特性研究で、環境に支配された人でなく、人がより環境を利用していく結果としての暮らし方の研究です。その成果として一九七七年に出した『日本資本主義と地域経済』が、評価を受けて励みになりました」

地域を重視する理念は、一九九五年に愛知・岐阜・三重の生協で設立した地域と協同の研究センターなどにも脈々と繋がっている。

協同思想の原理の友愛

野原さんが友愛に関心をもったのは、一九八〇年代後期にめいきん生協から、「九〇年代のめいきんビジョン」作成を委嘱され、チームで協同組合の研究に入ったときで、当時を語ってくれた。

「革命二〇〇周年のフランスを一九八九年に訪問しました。レジスタント運動で著名なイブリ市の歓迎式典で、市庁舎の壁にリベリテ（自由）、エガリテ（平等）、フラタニテ（友愛）の見事な文字がありました。もっと心を打ったのは、晩さん会で元レジスタンス活動家とフランス語交じりの英会話で、友愛が日常語で使われ協同の基底にあると直感したことです」

それでも友愛は、社会科学や人権原理としての検討はあまりなく、自由と平等が友愛を介して両立する理論化は簡単でなかったが、多数の文献から二つの糸口を見つけた。一つはA・スミスの『道徳感情論』で、自由な競争は親しい友人の共感でなく、最も友愛の薄い人々からの共感を得て社会的に許容されるとの指摘で、自由のもつ格差を友愛は限定すると野原さんは気付いた。

次は認知心理学のアージ（衝動）理論で、人類が生物学的なヒトから社会的な人となる十数万年の過程で、仲間を助け集団として生きる利他的遺伝子が、友愛を刺激して自由を制約し平等につながる利他行動するとした。アージは小集団の中で発動する説もあるが、時に一八四八年のフランス二月革命のように社会を動かすこともある。

友愛の理論化を深める思いを野原さんが熱く話してくれた。

「人と人の深い信頼による仲間関係の重要さを展開し、協同思想を支える友愛の原理を深める著作を出すことが、無縁や閉塞の社会ともいわれる現代の打開につながると思い、二〇一一年に『友愛と現代社会――持続可能な社会の基底を求めて』と、二〇一七年に、『友愛と協同についての覚え書き――友愛原理と協同思想の系譜』を書きました」

後者は未定稿とのことだが、友愛・協同研究会で深く議論して賀川豊彦も重視した友愛を、人類史から協同社会にまで位置付けているので、生協人にはぜひ読んでほしい。

研究者と同時に実践家

研究者の野原さんは、同時に優れた実践家でもある。

退職にあたり環境に役立たせるため、二〇〇万円の補助を受けて四〇〇万円かけ、四kWの太陽光発電装置を一九九七年に自宅へつけた。電気の使用に注意するようになって節電し、電気ポットや炊飯器の待機電力を減らすなどが貢献し、設置後一年目に前年と比べ料金は三割下がった。

この取り組みもあって太陽光発電所ネットワークの全国の仲間約二五〇〇名と、持続可能な社会の実現に必要不可欠なエネルギーシフトを進めている。

文化面でも鑑賞だけでなく実践もしている。一九一七年に不作で苦しむ小作人が、地主に納める米の減免を求めて名古屋近郊で鳴海小作争議が起きた。その地元住民が企画して小作争議のシンポジウムを開き、小作人の権利を守るため尽力した法学者雉本《きじもと》朗造《ときぞう》博士の生涯に光を当てた。さらに地域の歴史をもっと知ってもらうため、住民グループが小作争議を取り上げた劇「みどりの唄」を創作し、二〇〇三年に地元の文化小劇場で演じて注目を集めた。

このとき野原さんは、脚本の創作だけでなく役者としても参加した。同劇は、庶民の生き方を深く描いて内容をより充実させ、二〇〇六年に「野に立つ」と名称を替え、名古屋市民芸術祭主催事業として演じて多くの市民の好評を得た。そのときは野原さんが上演実行委員長であった。

実践家でもある野原さんに私が感銘したのは、一九九七年に内部告発した二人に対する解雇など、不当労働行為の大阪いずみ市民生協問題の時であった。一九九九年に東京での同報告集会で野原さんは、「生協の民主主義の危機」や「生協は人格的結合の組織」に触れ、最後に「私が関係したクビ切り事件は、地裁に提訴したが長々と続くので、結局は三年間戻すことで和解しました。正しい問題を出し解雇された人の思いが、職場の在り方や人々の考え方を変えなくてはいけません。裁判は非常に大事ですが、大阪いずみ市民生協を内部から変える運動も重要でぜひ続けていただきたい」と、組織を内部から変える大切さに触れた。

研究と実践を同時に永年求めてきた行動力が凄い。

続く協同組合研究

米寿になっても野原さんの協同組合思想を極めたいとの情熱は衰えない。

「資本主義の枠内で協同組合を考えることは限界があります。資本主義社会の破綻に替わる未来社会は協同社会であり、そのためにも現社会での課題実現をめざすA・センのｗｅｌｌ-ｂｅｉｎｇ（福祉）社会を、地域で仲間と協同して創っていくことが大切です」

凛とした話に深く納得できた。

⑨平和と暮らしのために

高橋晴雄さん

二〇一八年一一月号

一九三八年宮城生まれの高橋晴雄さん（八〇歳　愛称ハルさん）は、東大生協や大学生協連の専務、日本生協連理事、ちば市民生協やちばコープの理事長、千葉県生協連会長等を務め、今は妻の弥寿子さんと千葉県で暮らしている。

定年後は地域老人会や福島の被災者支援で活躍しているが、クモ膜下出血や不治の難病である封入体筋炎にかかり、弥寿子さんの手助けがないと外出できない。それでもインターネットを利用し、「生命・生活以上の価値はない」との熱い思いを発信している。

仙台空襲をくぐり抜け

「起きろ！　逃げるんだ！」

熟睡していた七歳の高橋少年は、父に足で蹴り起こされた。一九四五年七月の夜に仙台市の空襲警報が解除となり、仙台駅近くの実家に家族七人で眠り込んでいるときである。B29の焼夷弾投下で、大音響と振動が木造の家を包んだ。焼夷弾と照明弾が夜空を真っ赤に染め、サーチライトがB29を追った。毛布一枚を子ども四人でかぶって軒先に身を潜め、爆撃が止むと母と手をつないでまた歩き、やっと東照宮の林に身を隠し夜明けを待った。

市電通りに出ると見渡す限りの焼け野原で、焼けくすぶって熱風で息苦しく、多数の焼死体が道ばたに無造作に並べてあり地獄絵だった。

テニアンを離陸したB29の一二三機が、仙台市内を二時間も空襲し、焼夷弾一万発で市街地の一七%が焦土と化し、死者は二七五五人で東京以北の都市で最大規模の惨事となった。

敗戦で米軍が来ると辺りは一変し、駅や線路下は戦災孤児や家を焼かれた人々の住みかになった。米兵がジープからチュウインガムを撒き、米兵とパンパンと呼ぶ売春婦の出会いの場となった自宅横の教会の庭では、コンドームが風船の替わりとして子どもの宝物になった。

高橋家では母が着物を売って芋などの食糧にし、学校では米軍放出の臭うミルクがアルミの蓋に注がれ、雑草を摘んで登校し雑草入りどんぐり粉パンを食べたこともある。

こうした戦争と空腹が、高橋さんの平和と暮らしにこだわる原点となり、大学生協連時代には学生向けに広島・長崎・沖縄への平和の旅Ｐｅａｃｅ　Ｎｏｗをスタートさせて今も継続し、定年後は地域で吉永小百合さんによる詩の朗読会などを仲間と開催している。

大学生協の改革へ

一九五六年に東北大へ入った高橋さんは、生協に加入して五九年に東北地連書記として東北六県の大学生協設立を支援し、一九六一年に東大生協へ入り労組委員長や専務を経て七四年から大学生協連に移った。

ところで一九四七年に全国学校協同組合が創立し、四八年に消費生活協同組合法が施行となり、四九年に学制改革にもとづく新制大学が発足し文部省の大学生協育成通達が出た。一九七〇年代までは闘う大学生協の意識が強く、学生運動や革新運動の一環として要求闘争が中心であった。

そうした中で一九七六年に大学生協連の専務となった高橋さんは、八〇年の全国大学生協連総会において「大学生協の役割と当面の課題」をまとめ、大学生協の新たな発展の基礎とした。三つの役割は、①生活の場としての大学に事業を軸とし、事業の充実を通して学生・教職員に貢献する、②真に豊かな生活文化を形成していく生活主体へと成長を育む、③自治と民主主義をになう力を育み、生きた民主主義の学校としての協同組合の役割を発揮することであった。

大学生協連の会員は全国に二二〇あり、一五六万人の組合員で年間供給高は約一八五〇億円で、学園生活になくてはならない存在となり、そうした基礎をこの時期に創った。

大学生協の改革に大きな理論的示唆をしたのは福武直（一九一七～一九八九）先生で、戦後の大変動期に民主化を推進し、農村研究を核に現実科学としての社会科学を発展させた農村社会学者で東大名誉教授でもあった。

東大生協理事長を経て一九七六年に大学生協連会長になった福武先生は、七八年に大学生協の歴史的転換となる文書「大学生協を巡る諸問題」を発表し、大学生協の意義と新たな在り方と役割を提言した。

その福武会長所感で大学における生活面は、学生と教員が対等の立場で民主的に福利厚生事業を運営するとし、大学生協が学内コミュニティの重要な組織として、広く深く根ざすことを強調した。自主的民主的な事業団体であり、自力ですることと大学の援助が必要なことを区別して協力する存在として考えることや、生協である原点に立ち学園生活を健全で楽しいものにするよう訴えた。

こうした考えの福武先生と高橋さんは、一緒に所感の実践につなげていった。福武先生の回想で高橋さんは、「掛値なしに中興の祖でした。あるいは大学生協の恩人といってもよい」と話している。なお福武先生には『大学生協論』（東京大学出版会　一九八五年）がある。

たすけあい共済

福武先生と高橋さんのコンビで実現させた画期的な事業に、一九七九年に困難を乗り越えて発足させた大学生協共済がある。共済とは、同じ地域や職場・学園にいる人が、互助の精神のもとに結集して、掛金を出しあい加入者に火災・死亡・自動車事故・傷害・病気が発生したとき、あらかじめ定めた金額を支払う助け合いである。

オックスフォード大学でイギリス学生組合の共済を高橋さんが視察し、日本での導入を考えたことがきっかけであった。その主旨に共感した福武先生が、厚生省の担当者を紹介して困難はいくつもあったが実現化した。ところが翌八〇年に学徒援護会が保険会社と組み、学生共済の売り出しを準備した。そこで怒った福武先生は、学生相互の助け合いのない共済は本来の共済でないとして、高橋さんといくつもの大学の学長を訪ねてこの動きを阻止した。

一九八一年には保険の共同購入から、自分の出した掛け金が仲間のために使われて良かったと思える共済をめざし、学生の互助として事故や病気への見舞い金を送る学生総合共済を開始した。その後に大学生協では、学生総合共済が学生にとってより良いものになるように、加入・給付・報告・予防に関する活動を共済活動の四本柱と位置付け、今では全国で七二万人以上の学生組合員がこの制度で助け合っている。

一九八五年に千葉へ移った高橋さんは、大学生協での共済を地域生協でも展開し、これはその後に全国の地域生協へも広がり、今では加入者八六七万人のCO・OP共済へと大きく発展していった。

組合員と生協をつなぐ組合員の声（一言カード）活動

一九六〇年代半ばに東大生協で苦情カードとして始まり一九七六年に大学生協連で定式化し、八〇年代前半に全国へ拡がった組合員の声（一言カード）は、組合員と生協との信頼関係をつくる大学生協ならではの活動で、地域生協におけるこの取り組みの普及にも、大学生協での経験を活かして高橋さんは貢献した。

具体的には大学生協の品揃えや食堂メニューへの要望もあれば、生協職員へ個人の悩み相談など、幅広い視点で組合員の率直な提案や批判を用紙に記入してもらい、それに担当者が迅速に回答し、今ではインターネットで公開している大学生協もある。真面目でかつウィットあふれる回答で話題となったベストセラー『生協の白石さん』（講談社　二〇〇五年）は、この活動の一つである。

高橋さんは、「私の現役時代の大半は、一言カードに付き合っていた」とまで話し、生協の商品開発や運営にも役立ててきた。

ちばコープ在任中に高橋さんは、商品を皆で食べてもらうため共同購入で注文し、その報告書を出すと五〇〇円が戻る「商品まんなかおしゃべり会」をすすめ、組合員をつなげていった。家族での取り組みが八割もあり、コープ商品で家族の会話が広がって次の商品開発につながり、麦納豆、満点コロッケ、プチまん、左利き商品などの話題商品が次々に誕生した。

こうした取り組みは、高橋さんの著書『発想の転換　生協――暮らし・仕事・コミュニティ』（同時代社　二〇〇一年）に詳しい。高橋さんのいくつもの貴重な実践は、組合員と目線を同じくし、時代が変わっても暮らしや地域や平和を大切にする生協の在り方を、これからも一人ひとりが考える大切なヒントになっている。

⑩命・健康・平和を求め

謝花悦子さん

二〇一九年二月号

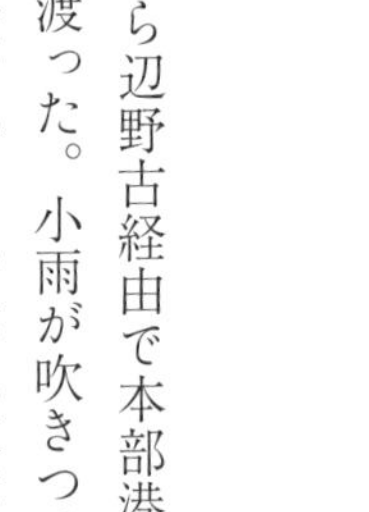

伊江島へ

二〇一八年一二月に知人の車で那覇から辺野古経由で本部港へと走り、一一時のフェリーで三〇分かけ伊江島に渡った。小雨が吹きつける船窓から、沖縄本島と伊江島の間の先に東シナ海が見える。第二次世界大戦の末期に、鹿児島を発った特攻機の多くが、連合軍の群がる艦船に向け散華した場所でもある。

伊江港は改修され新しい建物が出迎えてくれた。一九四八年八月のことである。この港から米軍の船で運び出していた爆弾が大爆発し、泳いでいた子どもを含め一〇二人もが死んだ。

大戦時に伊江島は激戦地となり、三〇〇〇人の日本兵の二五〇〇人と、民間人三〇〇〇人の半分が殺されたから、その壮絶さをうかがうことができる。島中の家屋や樹木は焼き尽くされ、戦後はゼロからの出発であった。ところが一九五三年から今度は米軍の基地造りがはじまり、島の六割を銃剣とブルドーザーで奪われ、人々は生きることができず基地反対の闘いに立ち上がる。その先頭に阿波根昌鴻（あはごん　しょうこう　一九〇一～二〇〇二）さんが立ち、永年傍で支えてきたのが今回訪ねる謝花悦子さん（八一歳）で、二人は伊江島生協の元理事長と元店長でもあった。

「わびあいの里」を訪ねて

港から車ですぐの「わびあいの里」を訪ね、車椅子の元気な謝花さんに再会した。家庭も社会も国も平和で豊かに暮らすには、わびあいの心によってしか実現しないとの願いで名付けた。障がい者や年寄りや子どもらが、生きがいを求めて互いに助け合い、心や体を育むやすらぎの場で平和を語る「やすらぎの家」と、平和のため戦争の原因を学ぶ目的で、人命を粗末にした戦争の遺品と、米軍の砲弾や原爆模擬爆弾や、戦後の生活用品や基地反対闘争の記録を展示する「ヌチドゥタカラの家」がある。日本兵が泣き声を防ぐため母親の抱く少年を刺し殺したとき、その亡骸から阿波根さんがていねいにはがした血痕付きの子ども服も入口にある。

二〇年ほど前に私は、阿波根さんの人生を本にしたいと島にしばらく滞在し、やっと原稿を書きあげたが、力不足で残念ながら出版はできなかった。その後も何回か島を訪ね、あるとき持参した平和のシンボルの被爆ハマユウが庭に根付き、白い花を毎年咲かせると謝花さんは喜んでいた。

阿波根さんの想い出はいくつもある。その一つが、よく語っていた指の話である。晩年の阿波根さんは、まぶたの皮ふが垂れて見えなくなっていたが、正面向いて手を高く上げてゆっくりと噛み砕くように話していた。

「私は、この五本の指から学ぶことにしておりますね。親指、中指、小指、形も皆違うのに、協同一致で団結。五本の指が、親指が偉い、いや中指が偉いと分裂しますと、ペンも取れませんね。だが一致協力すると、ペンも取れる、手紙も書ける、ご飯も食べることができる。ですから、私たちは、心を一つにして、家庭から平和を作って仲良くしていくことです。国と国との大きな戦争も悪い、友達同士のけんか、いじめ、これは小さい戦争で、これも悪いこと。これも止めるようにしましょう。私たちの平和作りは、仲良くすることですね。

自分が幸せになるのと同時に、他人も他国も、みんな豊かに幸せにしていく。そのためには、日本の平和憲法を、世界の平和憲法にしていきましょう。その義務、使命を誇りとし、希望を持って、お互い長生きをして、がんばっていく。これが我々の生きがいであると、信じているわけであります」

日本のガンジーとも呼ばれた阿波根さんの大切な教えの一つである。

伊江島生協

かつて阿波根さんは、「賀川豊彦先生が立ち上げたのは、農業協同組合、生活協同組合である。それに応えたい」と話し、佐々木辰夫著『阿波根昌鴻　その闘いと思想』によると、一九七〇年に伊江島生協の店を出した。

その時に阿波根さんは、「いつか二人が死んだ後でも、生協であれば全国から支援をしてくれて、村人の暮らしに役立つから」と話したので、当初反対の謝花さんも納得して激務についた。

人々の暮らしを支える伊江島生協は、一人一ドル（当時三六〇円）の出資金で、約一〇〇〇世帯の島民の半数を組織した。村役場近くの二階建てで、一階三〇坪と二階一五坪の売り場に、二階は食料品・日用雑貨・衣料品・化粧品で二階は寝具・家具を並べた。

離島のため商品の仕入れが大変であった。足に重い障がいをもつ謝花さんは、松葉づえで体を支えつつ月に一度は那覇の問屋をいくつも廻り、仕入れた品々をトラックに乗せ船経由で店まで運んでいた。

一九六七年に設立していた琉球大生協は、コープ商品の仕入れや棚卸しでも伊江島生協の支援を続け、さらには学生委員の平和学習の合宿を毎年伊江島でしていた。

一九七二年に設立した沖縄医療生協の協力で、伊江島で初めての健康診断を実施し村民の健康管理にも取り組んだ。

謝花さんは朝六時から夜一二時まで働いたが、本島と同じ値段で販売したため輸送コストが伊江島生協の負担となり、やがて経営が行き詰まり、『コープおきなわ四〇周年記念誌』によると一九八六年にやむなく閉店している。

伊江島生協解散のご苦労さん会で、阿波根さんと謝花さんは責任を感じ落胆していたが、那覇などから駆けつけた支援者より、「よくここまで頑張ってくれました」とねぎらいの言葉がいくつもあった。

謝花悦子さんの歩みと願い

土地収用法に基づく裁決をする行政委員会の沖縄県収用委員に対し、謝花さんは一九九七年に以下の話をした。

「戦争は、すべての不幸の根源です。戦争の残酷さ、無駄、愚かさ、体験した日本が、去った戦争よりも軍備を強化していくことに驚いております。

私は四歳で発病し転々と入退院しましたが、戦争中は病院に医者はおらず、インターン生が誤った治療をし、それから熱と激痛に連日苦しみました。戦後になって私は、本島の病院へ行ったときにお医者さんから、この病気は発病当時なら飲み薬だけで治せたのに、一体どうしたのかといわれました。それを聞いた私は全身に怒りがこみ上げ、今後は戦争をなくす人生を歩むと堅く決心しました。あの時のことは一生忘れません。

戦争した国は反省どころか、再軍備の強化を押し進め、米軍基地がある故に事件や事故が相次ぎ、戦場さながらの演習が今日も続いている。こんな恐怖の生活から、一日も早く解放されたい。

世の中で一番の宝は命、一番ありがたいのは健康、一番大切なものは平和で、この三つは土でき、これらが備わると本当の幸せが得られます」

今の謝花さんの強調したい一つが、伊江島では今も米軍基地を増強していることである。

日米特別行動委員会（ＳＡＣＯ）の合意後、一九九八年に伊江島補助飛行場へパラシュート降下訓練が移り、二〇一二年にオスプレイが沖縄へ配備になると訓練は増強した。二〇一六年にはオスプレイと最新鋭ステルス戦闘機Ｆ35の離着陸訓練用に、強襲揚陸艦の甲板を模した工事が始まり、そのため穴を掘ると三三〇〇発もの不発弾が出て作業は大幅に遅れ、二〇一八年一一月に完成して翌月から演習が続き、飛行場近くではオスプレイや攻撃機ハリアーの爆音で牛の死産が相次いでいる。

辺野古と高江の新基地反対運動は高まっているが、新聞報道では伊江島の軍用地料は年間約一五億円もあり、基地容認派が大半になってここは静かである。

謝花さんは言う。

「阿波根の一生には、道理にあう生き方と闘いをしている自信がありました。伊江島の闘いが酷く、自殺か発狂しかない時代もありました。その時に阿波根の言われたのは『理解は力なり』でした。人間は理解すれば信頼し、信頼すれば尊敬し、尊敬すれば力になるのです」

一人ひとりの生き方が問われている今、この言葉は重い。

戦中戦後の日本の歴史が凝縮した伊江島には、人間らしく生きる人が今も確かにいる。阿波根さんと謝花さんの平和へのメッセージを、ぜひ全国の生協人に届けたい。

⑪生協で大切にした生活者目線を地域社会にも

立川百恵さん　二〇一九年七月号

一九三八年岐阜県生まれの立川百恵さんは、学生時代の日本女子大学だけでなく、子育ての頃の千葉県船橋市や、その後に暮らした愛媛県松山市において、三回もの生協づくりに関わっている。

大学や地域の違いもあれば時代の変化もあるが、生協の原点でもある生活者の目線をいつも大切にしてきた。全国的にも生協の事業規模が拡大し、社会や組合員からの期待も多様化する中で、生協の原点を再確認しつつ、これからの課題を考えることも重要である。

日本生協連理事の同窓会として久友会があり、六月の同総会後に開催となった場に参加した立川さんと会って話を聞かせてもらった。

六〇年代の大学生活・七〇年代の子育て

一九五七年に立川さんは、都内にある日本女子大学に入学し、一番ケ瀬康子教授のもとで社会福祉政策を学び、その後の人生に大きな影響を受けた。生協活動と福祉の取り組みの経験を通して、一九九八年には『高齢者福祉と生協・農協――参加型地域福祉実践例として』を一橋出版から出すにあたり、一番ケ瀬さんの監修を受けている。

学生当時は、大学生協づくりにも関わったと立川さんは話してくれた。

「日本女子大に当時は生協がなく、東京大学や早稲田大学の生協に出かけては、一〇％引きで書籍を買ったりしていました。学内で生協の設立準備委員会を作りましたが、ＯＧの会が売店を経営していて残念ながら設立できませんでした。同時に自治会設立運動にも参加し、できた自治会の副会長につき、学長との懇談や交渉することもありました」

勉学だけでなく生協づくりでも立川さんは青春を謳歌している。なお日本女子大生協が誕生したのは一九七〇年で、学内の勉学と暮らしを支援する組織として今も運営している。

立川さんは千葉県船橋市の団地の時に、何かしなくてはと若い母親たちと一緒に、牛乳愛飲運動や青空保育へ取り組んだ。それが母体となり一九七三年に船橋市民生協へ、一九九〇年にちば市民生協と合同してちばコープとなり、二〇一三年にはコープとうきょう・さいたまコープと合併し、日本で最大規模のコープみらいへとつながっている。

当時の様子を立川さんは語ってくれた。

「長女が一九六二年に次女が一九六五年に生まれ、子どもを抱えて外での仕事ができませんでした。その頃に森永ヒ素ミルク事件があり、子どもの食べ物にそれまで以上に私たち母親は注意しました。多くの人が安くて栄養のある食品を求め、当時出始めていた魚肉ソーセージは、子どもが食べ易くてタンパク質もあって普及し、私もよく利用しました。ところが有害色素である赤色二号添加の事実が新聞で流れ、ショックを受けたものです。我が子の成長に良かれと与えた魚肉ソーセージが、健康を害する食品だったのです。自らを深く責めたものです」

一九六六年に立川さんは、夫の愛媛大学赴任に伴い、松山市に転居してからも生活者の目線で考え動いた。家族の食べ物を心配する宿舎の仲間と、牛乳を調達して一緒に飲んだ。また卵は農家へ、小麦粉は製粉所までと、生産の場へ出掛けて話を聞きながら貰ってくる直《じき》買いを少しずつしていた。ときには大根を多く入手すると、たくわん漬けを共に楽しんだこともある。

えひめ生協の設立

えひめ生協が一九七四年に設立し、立川さんは、「エー、ここにも生協がある！」とすぐ加入した。設立趣意書には、「自分たちを守るのは、まず自分たちではないでしょうか。毎日の生活の中で、不安や不満を持つ家庭の主婦自身が、そうした問題を持ち寄り、解決していくために力を寄せ合って行く――こんな活動があればどんなに力強いでしょうか。この活動をする組織こそ、愛と協同相互扶助の精神に立つ生活協同組合」とあった。

一九七五年に理事となった立川さんは、「組合員組織づくりをしっかりする」、「生協を知るニュースを発行する」、「組合員が勉強をして商品開発する」などと発言し、広報委員会・家計簿委員会・商品委員会・組織委員会の好きな場に参加した。

商品委員会での活動について立川さんが話してくれた。

「あるベーカリーは、パンの素地をきれいに剥《は》がすため、表面に流動パラフィンを使っていました。驚いて『流動パラフィンを使わないで』と言うと、『何バカなこと言っているんだ！』と反論されたものです。それが組合員で一万人を超えると逆転し、『生協で希望する商品は？』とメーカーが聞くようになり、希望を伝えると『ここまでは出来ます』と対等の関係になったものです。保存料を使えば腐らず食中毒にもならず、メーカーはこんな良い物はないと、当時は食品添加物を約四〇〇種類も使っていました。でも黙っていない消費者は、全国的に動き若い母親の共感を得て輪が広がり生協が伸びました」

生活者の目線を大切にしたことが一番の教訓である。

一万人の組合員で迎えた一〇周年

発足当初は非常勤理事を中心に、各地区の代表一五名で理事会を構成していた。仲間を増やし商品を知らせ出資金を話すなどの役割を担ってもらい、生協とはこんな事をしていると話す理事を増やしていった。苦労もあったがやり甲斐を感じた当時を立川さんは語ってくれた。

「理事さんたちは熱心に、自分の事として食品安全の問題を周りへ広げて大きな力となりました。一〇周年を一万人の組合員で迎えようと燃え、役職員の区別なく話して納得しつつ皆で動いて力になったものです。

組合員が主人公の組織だから主体的に動かなくてはだめと常に肝へ銘じ、組織が拡大すると組合員が受け身になりお客様となるので、生協は組合員が主体といつも言いました。組合員が一万人になる頃から、いろいろな業者が来るとだんだん職員が偉そうになり、座ったまま業者を立たせて商談することもあって、私は厳しく注意すると同時に、生協の原点を伝え続ける必要を痛感したものです」

何か問題が起こると原点に立ち返ることが組織運営の基本である。

組合員参加の適正規模

一九九九年に立川さんは、理事長をおりた後も生協の在り方について考え、その一つが適正規模で次のように話してくれた。

「店舗や支所の対象範囲が一万人位の規模で、世話係も構成員も分かり合えて、主体的に動くことができるように感じます。権限を店長や支所長に全部渡し、理事と支所長か店長とで、その組織をどうするかをきちんと考えることです。大規模になると、どうしても組合員が受け身のお客様になってしまいます。私は組合員の為との言葉が嫌いで、組合員と共にと言い直します。為にと表現すれば、お客様にサービスする姿勢になりがちで、生協さんと発言する組合員には、『生協さんではなく貴女が生協でしょう』と言いたいですね」

事業経営ではマスメリットのため規模拡大を追求するが、他方で運動では個人を活かすため小規模が効果的なことも多い。どこの生協でも常に考えなくてはならない課題だろう。

立川さんは、他にも愛媛県生協連副会長や、日本生協連の理事や女性評議会議長などもしてきた。長年の多忙な生協活動で、家庭との両立は苦労があったと最後に話してくれた。

「子どもたちの評価も心配でしたが、『やりたいことがあったらやらなきゃだめよ』とか、生協だよりのカットを手伝ってくれたこともあります。

『生協に女房を取られた夫の会』を作るから、私の夫へ代表の話もありましたが、夫は断りました。夫は死の直前に、『多くの功績を挙げたと言われるが、一番の手柄は百恵との出会い』と息子に語ってくれました。家族全員に深く感謝しています」

生協と家族に生活者の温かい目線で向き合ってきた立川さんのこだわりは、地域社会に対しても同じで、四国で初めて障がい者福祉列車ひまわり号を走らせ、スペシャルオリンピックス日本・愛媛の会長、憲法九条を守る愛媛県民の会代表委員の一人、伊方原発運転差し止め訴訟原告団の共同代表の一人などもし、生活者主体の社会づくりは生協の役職を下りてもずっと続けている。

立川さんの人生から学ぶことは多い。

⑫生協における働き方を考え続け

兵藤 釗《つとむ》さん

二〇二〇年一月号

二〇一九年八月下旬のある日、二週間の沖縄取材から戻った私は、届いた書籍小包を開けて驚いた。『戦後史を生きる　労働問題研究私史』（同時代社）、五四八頁もの大著で、著者である兵藤釗先生（八六歳）から謹呈のしおりがあって恐縮した。

この書物は、①小学校から旧制中学へ、②東大　駒場から本郷へ、③大河内「出稼型論」との格闘、④大学紛争のなかで、⑤戦後研究へ、⑥八〇年代を迎えて、⑦時代の区切りに際会してから、以上七章で構成されている。東北大学野村正實名誉教授と上井喜彦元埼玉大学長の二人からの聞き取りに兵藤先生が応え、生い立ちから東大闘争や各種の研究時における心境を語り分かりやすい。

経済学者の兵藤先生は、戦後の労働問題研究を代表する一人で、同時にいくつもの生協の役職も担ってきた。一九三三年に愛知県で生まれ、一九六四年から一九九四年にいたる東大経済学部教員を経て、一九九四年から二〇〇四年まで埼玉大学経済学部教授と埼玉大学長を務めた。

その間に、東大生協理事長、旧さいたまコープ理事、大学生協連副会長、生協総合研究所理事、日本高齢者生協連合会会長も歴任した。

私は生協総研にいた頃、二回の研究会の座長を先生にお願いし、報告書の作成やシンポジウムも開催させてもらった。おかげで懇親の場を含め有意義で楽しい場を何回ももつことができた。

八月下旬に先生の自宅がある千葉県の最寄駅へ出かけ、居酒屋で久しぶりに話しを聞いた。体調を悪くして杖で歩行し、特に段差の上下が難しくなっていたが、以前と同じ酒量をたしなみ、生協での働き方などを熱く語ってくれた。

生い立ち

愛知県の農村で五人兄弟の長男として生まれた兵藤先生は、五歳後の弟が生まれると子守りをし、小学高学年の頃には一町少々の田畑で、田植えや草取りなどで両親を手伝っていた。つぎはぎのある下着を着て通っていた国民学校では、勤労奉仕で桑の皮をむいて軍服用に陸軍へ供出したり、食糧の足しにイナゴを集めて出したりしたこともある。

当時は何回かアメリカ軍の戦闘機による機銃掃射を受け、怖い思いをしたこともあった。

小学六年を終われば高等小学校に通い、卒業後は家の農業を継ぐつもりであった。しかし、たまたま学校の女教師の薦めもあって受験勉強し、一九四六年に郡で唯一の県立中学へ入学した。

翌年の頃から文学少年になった先生は、太宰治の『人間失格』を愛読し、すっかり太宰ファンになった。しかし、太宰が自殺してからは落ち込み、中学三年頃から酒やタバコをたしなむようになった。と同時に社会への関心を強め、共産党に親しみを持ち始めた。その頃に前進座の地域公演を手伝う機会があり、共産党員である座員たちの明るさに魅力を感じ、また高校読書会に参加して社会への視野をより広げていった。

当時の気持ちを次のように兵藤先生は語ってくれた。

「以前からとにかく貧乏から抜け出したい思いが強く、特別にマルクスの本を読んだわけではないけれど、河上肇の哲学の本を読んだりして、一九四九年の一五歳のとき日本共産党へ入党しましたよ。バイタリティある朝鮮の人に会って刺激を受けたりし、党員として一所懸命に活動していましたが、一年ほどで勉強に集中するため離党しましたね」

貧乏な生活から抜け出す道を、文学や社会主義に求めて青春時代を謳歌していた。

東大生協の理事長に

一九八三年に兵藤先生は学部長から相談を受け、総長からの提案にそって東大生協の顧問にまずなり、その後に理事を一年経験し、一九八五年から一九九三年まで理事長になった。歴代で最長の八年半である。

一九七〇年前後に各地で発生した学園紛争の前は、大学と生協が敵対関係にあり、それは東大でも同じであった。しかし、東大では紛争後に生協の理事長となった福武直先生は、加藤一郎総長の特別補佐をしていたことからも分かるように加藤総長とは信頼関係にあり、生協と大学は話し合って互いに協力しあうようになる。福武先生はその後に全国大学生協連の会長となり、東大だけでなく全国の大学生協の今日につながる路線を確立していった。

兵藤先生が理事長時代に、理事会と労組の関わり方についての提案をしたと話してくれた。

「生協の事業は全て専務に任せ、前任者から教わった挨拶業兼執筆業をしていましたよ。一つだけ提案したのは、各大学別に生協理事会と労組が賃金交渉をしていましたが、人事交流もしていたので統一して話し合うことで、調整して一九八八年からそうなりました。

もっとも統一交渉で一律の賃金回答を出すのでなく、大学生協別に事業の進展は毎年異なるので、多少は賞与に差をつけることも考える必要がありそうです」

東大生協職員の年一回の慰安旅行に先生は、毎年つきあって気さくに交流し好評であった。

生協での働き方を研究

生協の事業規模が大きくなり、全国の生協の職員数も多くなってきたし、厳しい経営でパートや委託の職員の割合も増えていった。それにともなって仕事や人間関係も複雑になり、生協における働き方はどうあるべきか大きな課題になっていた。

そこで一九九三年から生協総合研究所で、「生協労働と職員問題研究会」を立ち上げ、兵藤先生に座長となってもらい、生協総研の研究員であった私は事務局として動いた。ここでは労働研究の学者の他に、弁護士・生協役職員・生協労組役員にも参加してもらい、まずは生協労働の実態がどうなっていて、研究してメスを入れなくてはならないことは何か調べた。具体的には、日本生協連や主要な地域生協のトップや労務担当役員、それに生協労組の役員からの聞き取りである。これらを基に日本生協連の会員である地域生協トップと生協労組役員へ、「生協労働と職員問題に関する意識調査」を実施した。

その結果、地域生協役員の関心は第一に職員の力量強化で、労組役員の関心は仕事の意味の明確化が第一となり、両者に共通は職員の運営参加であった。

同研究会の成果をもとに生協総研では、報告書の作成とシンポジウムを開催した。そこで先生が強調したのは以下の内容であった。

「ノン・プロフィット事業体である生協職員の苦境を打開する鍵は、労苦や労働を意味するｌａｂｏｒから、主体性を大切にする仕事のｗｏｒｋへ、一人ひとりが組換えることにあるのではないでしょうか。

そのためマニュアル化したオペレーションからの脱却と、組合員の豊かな暮らしの実現に役立つ仕事の在り方を追究することだと考えました。またエンド・ユーザーの組合員と日々接触する職員の専門的能力を養い、組合員の顧客化に歯止めをかけることが、競争に負けず生協を維持発展させていくポイントになるはずです」

ｌａｂｏｒからｗｏｒｋへとの指摘は、職員が与えられた役割に対し、受動的から能動的な態度へと変化させることであり、私にとっても印象的であった。

その成果を基に一九九五年には「生協における仕事のあり方研究会」を発足させ、引き続き兵藤先生には座長になってもらい、他に五人の学者が参加し、みやぎ生協や旧ちばコープと同時に、「作と演」との独自の考えで、首都圏において健闘しているローカルチェーンのサミット（株）の調査もさせてもらい、あわせて店舗の職員を中心とした独自のアンケート調査も実施した。

この研究会について先生は、次のように話してくれた。

「アンケートでは、正規職員の過半数が仕事の成果や力の発揮度に応じた処遇を求め、長く働くパートからは何かやりがいのある仕事をしたい声が高いことも分かりました。商品開発や業態改革に向け、組合員の声に依拠しつつ創意工夫できる場を望んでいる職員の多いことも印象的でしたね」

パートを含めた全職員の力をもっと発揮させる可能性はあり、生協の組織や労組として改善する方向性は見えてきた。

それにしても八〇歳後半になってもこうした大著を世に出し、正面から社会に向き合ってきた自らの内面を、赤裸々に語ってくれた兵藤先生の生き様に私は感動する。研究会で教わったことだけでなく、こうした人生哲学からも学ぶことは多い。

二〇二〇年七月号

おわりに――これからもご一緒に

西村一郎

定年直後の二〇一〇年五月にこの連載を私は始めて一〇年目となり、おかげさまで一二三号にもなったが、紙面を刷新するため終わりとなる。各地で読んでいただき、ときには思いがけない感想や、コピーして職場の仲間に渡したなどの声を聞くこともあり、毎回の執筆を楽しく続けることができた。

この連載を始めるにあたり、以下を目的とした。

「我が国の生協は、『生協は一つ』でなく『生協は一つひとつ』とも称されるほど多様な発展をしつつある。社会の環境がより変化していくなかで、生協もさらに活発化していくことだろう。このような激変するときに大切なのは、原点回帰と動向把握である。

そこで各地における生協の最新の動きから、そのもつ意味について率直な問題提起をさせてもらう。生協を考えるヒントに少しでもなればと念じている」

この目的にどれだけ沿ったか分からないが、一番勉強になったのは私自身だろう。そのお礼も兼ね最終回は私からの伝言とさせていただく。

略歴

一九四九年高知生まれの私は、二〇歳から六〇歳の四〇年間生協で働いた。帝国陸軍の下士官として中国で戦った父は、敗戦直後に自ら左目をつぶし、傷痍軍人になり帰国し農業を営みつつ私たち家族を育ててくれた。農業を共に働いていた三〇代の母は、ビニールハウス内の強い農薬と過労で病になり、私が小学三年のとき他界した。平和や農と食にこだわる私の原点がここにある。

一九七〇年に二〇歳で上京し、東大生協で昼働き夕方から夜学へ通った。職場となった高温多湿の食堂で全身の皮膚炎に悩み労働環境の悪さに怒り、抜本的な解決策を探したが国内にはなく、アメリカの大学のカフェテリアを手本とした。そのため大学生協連食堂部長の頃に、全国の専務や店長を誘ったアメリカ視察を何回も実施し、ハードとソフトの両面で古い食堂経営の改革をすすめた。高額な経費を使ったので失敗すれば責任を取るつもりでいたが、目的をほぼ達成し辞めずにすんだ。皆で見る夢は実現することを実感し、仲間と共に働く意義を学んだ。

生協で働くある友人が、一九八〇年に電車へ飛び込み自殺したことは、私の一大転機となった。その一週間前に、楽しく二人でお酒を飲んだ。その時すでに遺書を書いていたことは後で知ったが、酒の場で友の苦悩を私はまったく気付かなかった。仕事一途の偏った生き方を深く反省し、社会や暮らしや生協について広く学ぶことにした。頼ったのが哲学者の芝田進午さん（一九三〇～二〇〇一）で、公開ゼミを都内で開催していて長く参加した。各自の頭で批判的に考えることを常に求める芝田さんから私は、それまでの生協の枠を超えた視線をもち、自主研究や論文や出版の方法と楽しさを学んだ。

一九九二年から生協総研に移り、地域生協や医療生協やワーカーズコープだけでなく、JAなど他の協同組合やNPOとの接点もでき、より多面的な見方をするようになった。

二〇一〇年に定年となった後は自由に動き、東日本大震災の復興支援本七冊や、辺野古だけでなく韓国・フィリピン・スリランカ・ネパールへも足を運び、現地の市民グループなどと交流している。

社会や生協の捉え方

私は長くデカルト（一五九六〜一六五〇）の二元論に代表される西洋文明の考え方を信じてきた。あらゆる物事を善か悪に判別し、資本主義は悪であり社会主義が善であるといった単純な思い込みである。対立軸を明確にして相手を攻撃すれば、それが勇ましいと錯覚していた。しかし、社会の構造はそんなに簡単でないことを、芝田ゼミや実践からも学んだ。

経済学者カール・ポランニー（一八八六〜一九六四）は、経済に秩序を与え社会を統合するパターンとして、義務としての贈与関係や相互扶助関係の互酬《ごしゅう》・税など政府に対する義務的支払いと政府からの払い戻しの再配分・市場における財の移動の交換による三つをあげ、このバランスで社会は変遷しているとした。

哲学者の内山節は、資本主義に基づく市場経済・非営利で資本主義ではないが市場にも依拠する協同組合などの半市場経済・行政など非市場経済の三つが組み合って、経済を動かしていると論じている。

どちらも多様な組み合わせで社会は動いているとの説で、一つの絶対的権力だけで大きな全体を管理するのは効果的でなく無理としている。

ところで人間を動かしている脳は、第一は頭脳、第二は腸、第三は皮膚といわれている。要は人体を構成している三七兆個もの細胞が、各々自立した存在で個別の役割りを発揮しつつ、超巨大なネットワークを作って人間の命や活動を維持している。

社会や生協においても、中央集権したトップだけで動かすのではなく、構成要素による多様な協同で支えることがより合理的だろう。

コロナとの共存

日本だけでなく世界は、新型コロナウイルスのパンデミックで一変した。執筆中の六月中旬でも、世界中で感染者と死者は増え続け、生協にとっても多大な影響をいつまで受けるのか誰にも分からず、今後も警戒は必要である。しかし、意図的に少なくしているPCR検査の感染者数による判断や、恐怖心だけをあおった東京アラートなど、いつまでも政治やマスコミに翻ろうされているわけにいかない。

感染症でいえばインフルエンザや結核や肺炎は、毎年多数の死者を日本で出しているし、さらには異常気象にもつながる地球温暖化や、核被害を起こす危険性のある原発や核兵器も世界中にあり、人類存続の課題は多い。

そこでコロナだけを絶対化して恐怖に怯えるのでなく、相対化して生協も個人もコロナと共存することが大切で、政治や経済の役割りはもちろんあるが完全でなく、最後は個人の免疫力の向上だ。

一人ひとりの内部には、健全な人体を守り維持する仕組みが存在し、それをコントロールしているのは神経で、心身を活発化させる交換神経とリラックスする副交感神経がバランスを保ち、自己免疫力をより高める。具体的に私が心がけているのは、①一日二食で腹七分目の小食、②玄米と野菜が中心の食事、③一口三〇回の咀嚼、④毎朝二〇分の体操、⑤入浴時の全身マッサージ、⑥電磁波の防御、⑦他人や地域社会に少しでも貢献し喜んでもらうなどである。

生協のこれから

協同組合思想や生協の基本理念を基礎に、安価の追求もあれば品質重視など多様な価値観の生協があっていいだろう。

生協法第一条の目的には、国民生活の安定と生活文化の向上と書いてある。将来の組合員を含めた国民が対象で、安心安全な食品を供給する生活の安定と同時に、個人や家族の暮らしを豊かにする生活文化の向上が、これからの生協にますます求められている。

明治時代の初期に訳した教育の語源は、ラテン語で内部から引き出す意味であり、障がい者や高齢者を含め、組合員や職員の一人ひとりが内部に秘めている発達の必然性を発揮させることで、それに応える生協を期待したい。

おわりに

私は人生の三原則を「歩く・聴く・書く」とし、土佐人のこだわりが強い「いごっそう」で、理屈とお酒が好きで中途半端が嫌いなため、すぐ熱くなり行動して後悔することも多々あったが、これからも自分なりの人生を歩みたい。生協の平和運動にも関わる『広島・被爆ハマユウの祈り』(同時代社　定価一三〇〇円)を七月中旬に出し、その後にこの連載のまとめや沖縄などの単行本も考えている。

人生の価値は、何をしてきたかではなく、最期までに何をしようとするかで決まると私は考える。

伝言③に登場した野尻武敏さんの年賀状に、「年ゆけば年ゆくごとに去りてゆく　時間の重み増してくる日々」とあり、メモして書斎に掲げてある。連載一二二本を再読し、素敵な出会いをさせてもらった多くの方々と、自由に書かせてくれた当紙の宮崎元編集長に、そして何より永らく愛読していただいた全国の生協の仲間に心から感謝する。

中国の書に「日残リテ昏《く》ルルニ未《いま》ダ遠シ」とある。藤沢周平が小説『三屋清左衛門残日録』で展開したように、人生が終わるにはまだ日があるから、もう少し自分なりの役割りを果たしたいとの願いを込めている。

七一歳の私は、当面は八〇歳まで自由に歩むことができるよう努めつつ、この連載とは異なる形で発信を続けたいと考えている。そのためぜひ全国の生協人に、これからもご一緒によろしくとお願いしたい。

ともあれこれからもお互い健康でありますように。

資料　「生協は今」の全リスト

No.	タイトル	掲載月
1	組合員の夢を形に―新南生協病院のチャレンジ―	2010・5
2	小商圏における地域共存の店舗づくり　コープさっぽろ「あかびら店」	6
3	森と福祉と生協のかけはし　大学生協が応援する樹恩割り箸	7
4	生協の職員にも「大企業病」が「働きがいのある仕事や職場づくり研究会」アンケート調査から	8
5	惣菜ロースカツ事故	9
6	福井県民生協のネットワーク事業	10
7	「孫の二乗の兵法」から生協が学ぶこと	11
8	地域へ拡がるさいたまコープの社会貢献	12
9	「みやぎ生協に期待すること」　五方良しの経営めざし	2011・1
10	大学生協の２０１１年チャレンジ	2
11	生協における減災の取り組み	3
12	「こうべからのメッセージ」に学ぶ	4

著者略歴

西村　一郎（にしむら・いちろう）

略歴

1949年４月29日高知県生まれ

70年　東大生協に入協

75年　東大生協常務理事

77年　大学生協東京事業連合食堂部次長

86年　全国大学生協連合会食堂部長

92年　公益財団法人生協総合研究所　研究員

2010年　生協総研を定年退職　その後、フリーの生協研究家、ジャーナリスト

研究テーマ　①生協　②食生活　③平和

所属　日本科学者会議　被爆ハマユウクラブ　他

生協関連の著書

「協同組合で働くこと」（共著　芝田進午監修）労働旬報社　87年、「学食ウオッチィング」三水社　88年、「今、学生の食は」（編著）全国大学生協連　90年、「子どもの孤食」岩波ブックレット　94年、「北の大地から―北海道の農業は元気です―」コープ出版　94年、「子どもが食べたいものなあに？」コープ出版　02年、「エクセレントでみつけた生きがい・働きがい」コープ出版　03年、「雇われないではたらくワーカーズという働き方」コープ出版　05年、「生協の本」（共著）コープ出版　07年、「生協の共済」（共著）コープ出版　08年、「生協のいまを考える」（共著）かながわ生協労組　08年、「生協のいまを考えるⅡ」（共著）かながわ生協労組　10年、「ギョーザ事件から生協を考える」（共著）生協労連　10年、「協同っていいかも？―南医療生協　いのち輝くまちづくり50年―」合同出版　11年、「悲しみを乗りこえて共に歩もう―協同の力で宮城の復興を―」合同出版　12年、「被災地につなげる笑顔―協同の力で岩手の復興を―」日本生協連出版部　12年、「３・11　忘れない、伝える、続ける、つなげる―協同の力で避難者の支援を―」日本生協連出版部　13年、「生協は今№１」アマゾン　Kindle版　13年、「生協は今№２」アマゾン　Kindle版　13年、「協同組合と私たちの食」アマゾン　Kindle版　13年、「生協は今№３」アマゾン　Kindle版　13年、「福島の子ども保養―協同の力で避難した親子に笑顔を―」合同出版　14年、「宮城・食の復興―つくる、食べる、ずっとつながる―」生活文化社　14年、「協同の力でいのち輝け―医療生協◎復興支援@地域まるごと健康づくり―」合同出版　15年、「広島・被爆ハマユウの祈り」同時代社　20年

家族　妻（娘２人は結婚し孫４人）

趣味　スケッチ　調理　日本酒

連絡先　西村研究所・自宅　〒302-0011　茨城県取手市井野4417-1

e-mail：info@nishimuraichirou.com

生協の道　現場からのメッセージ

2020年11月20日　初版第1刷発行

著　者　　西村一郎
装　幀　　クリエイティブ・コンセプト
制　作　　いりす
発行者　　川上　隆
発行所　　㈱同時代社
〒101-0065　東京都千代田区西神田2-7-6 川合ビル
電話 03(3261)3149　FAX 03(3261)3237
印　刷　　中央精版印刷株式会社

ISBN978-4-88683-888-9